나는 성공했다

나는 성공했다

초판 1쇄 인쇄 | 2024년 09월 03일
지은이 | 심재안
펴낸이 | 이재욱(필명:이승훈)
펴낸곳 | 해드림출판사
주　소 | 서울 영등포구 경인로82길 3-4(문래동1가 39)
　　　　센터플러스빌딩 1004호(우편07371)
전 화 | 02-2612-5552
팩 스 | 02-2688-5568
E-mail | jlee5059@hanmail.net

등록번호　제2013-000076
등록일자　2008년 9월 29일

ISBN　979-11-5634-596-1

심재안 이사장 성공스토리

나는 성공했다

심재안 지음

인생의 롤모델이 되고 싶어 집념으로 살아온 길
(선생 12년, 학원 경영 35년)

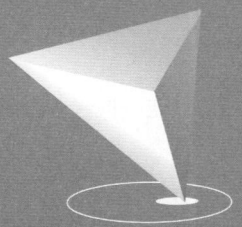

자녀를 위한 필독서
[초, 중, 고등학생의 학부모 역할] 수록

해드림출판사

작가의 말

나의 성공의 열쇠는
어머니께 배운 묵언의 가르침

   집념으로 살아온 인생,
   모든 분께 집념의 성공을 드리고 싶어
   이 책을 쓰게 되었습니다.
   어릴 때 아버지가 병석에 누워 계셨습니다. 어머니께서 가사일, 농사일까지 도맡아 하시던 어머님은 강인한 집념이 있으셨던 분입니다. 지금 생각하니 어린 시절 어머님의 영향을 많이 받았나 봅니다.
   너무 가난했기에 할 수 있는 게 공부밖에 없었습니다.
   초, 중 때는 어머님 일을 도와드리면서 많은 것을 배웠습니다. 고등학교 시절 마산에서 자취하며 3개월 정도 어머님을 떠나 있었습니다. 가난 때문에 고등학교를 옮겨 10km를 자전거를 타거나 걸어서 열심히 다녔습니다. 큰 재실이라는 곳에서 잠자며, 추위에 떨며 공부했습니다. 그 후 군대 생활, 대학 생활, 그리고 선생님으로 이 악다물고 집념의 시간을 잘 이겨냈습니다. 1977년 서울 하늘 아래 집념의 사나이가 되어 첫 밤을 맞이했습니다. 항상 일등만 하자는 집념은 철저한 나 자신과 싸움이었습니다.

그 결과로 집념의 심재안이 탄생했습니다.

학원 선생 시절 집념이 없었다면 살아남을 수 없었습니다.

결국, 유명한 스타강사 심재봉 선생이 되었으며, EBS 방송강의도 했습니다. 집념의 스타강사, 결국엔 경영의 스타였습니다. 경영에는 집념과 소통이었습니다. 멋진 경영자가 되기 위해서는 "오늘도 나는 최선을 다했는가"라는 사훈을 머리에 새기며, 사훈처럼 집념의 경영자가 되어 결국엔 스타 경영자가 되었습니다. 경영자는 집념과 소통과 믿음이었습니다. 교직원 300여 명의 제일영재입시학원은 집념과 소통의 산물이 되었습니다. 국민훈장목련장 수훈, 장영실교육문화대상 수상도 했습니다. 모든 분에게 집념의 성공을 드리고 싶습니다. "나는 성공했다"라는 필자처럼 성공하기 위한 집념의 목표는 철저해야 합니다.

독자 여러분에게도 집념과 소통의 나날이 계속되어 성공하시길 바랍니다. 감사합니다.

2024년 여름 집무실에서
심재안

권두언   "당신은 성공했습니다"
                    대기자大記者가 대강사大講師에게 드리는 헌사

                                        심규선
                                전 동아일보편집국장/대기자

　　살면서 숱한 사람을 만나지만, 그렇기 때문에 우리는 그 사람을 모른다. 그저 스쳐 지나가기 때문이다. 그래서 누군가의 삶을 깊이 들여다볼 기회를 만나면 우리는 예외 없이 두 가지 반응을 하게 된다. 그 사람에 대해 무지했음에 미안해하고, 그 사람이 그려온 삶의 궤적에 대해 놀란다.

　　일찌감치 그런 경외심을 잘 표현한 시가 있다.

　　　사람이 온다는 건

실은 어마어마한 일이다.
그는
그의 과거와
현재와
그리고
그의 미래와 함께 오기 때문이다.
한 사람의 일생이 오기 때문이다. (하략)

정현종 시인의 「방문객」이란 시다. 나도 시인의 생각에 동의한다. '한 사람의 일생'은 언제나, 정말로, 드라마틱하다. 심재안 회장의 과거와 현재를 읽고 나는 그가 '어마어마하게' 열심히 살아왔다는 것을 알았고, 미래에도 그렇게 살아갈 것이라고 느꼈다.

심 회장을 처음 만난 게 2002년쯤이니 20년이 넘은 것 같다. '청심회 青沈會'라는, 청송심씨 문중의 청장년 모임을 만들 때다(지금도 '청장년'이라고 할 수 있을지는 자신 없지만). 모임이 활발해서 꽤 여러 번 만났다. 그렇지만 나는 그를 '제일영재학원 회장'으로만 기억했지, 다른 정보는 별로 갖고 있지 않았다. 아니, 더 이상 알려고 하지 않았다는 것이 더 정확한 표현일 듯하다. 그리고 이번에 그의 회고록을 만났다. 단숨에 읽었다. 그리고 앞에 썼듯 나는 미안함과 놀라움을 느꼈다.

나는 34년간 기자로 일했다. 사람을 만나거나 자료를 분석해, 누구나 이해할 수 있게 평이한 글로, 그리 길지 않은 기사를 작성해 보도하는 것이 내 직업의 골간이다. 직업병이랄까, 내 나름의 기준이 있다. 사람에 대해서는 너무 미화하거나 너무 나쁘게 쓰지 않되, 조금은 비판적으로 접근한다. 자료는 빨리 읽고 요점 파악도 잘해야 하지만, 객관적인 시각을 유지하려고 애쓴다. 그런 직업병 덕분일까, 영광스럽게도 '대기자大記者'라는 이름으로 퇴직했다.

따라서 이번 경우처럼 아는 사람의 회고록을 읽는다는 것은 두 가지 직업병이 모두 발현될 수 있는 환경이다. 그런데 나는 심 회장의 회고록을 읽으면서 '인간 심재안'에 대해 비판적이지도 못했고, 회고록도 객관적이기는커녕 고개를 끄덕이며 읽고 있는 나를 발견했다.

왜일까. 곰곰이 생각해 봤다. 그는 정말로 바닥에서 몸을 일으켜 성공했고, 자신의 성공을 숨기지 않는 소탈함이 있으며, 자신의 성취에 걸맞게 가족, 국가, 사회에 상당히 베풀면서 살고 있기 때문은 아닐까. 그래서 내 직업병의 안테나가 무뎌져 '인간 심재안'을 비판적으로 보지 못하고, 그의 회고록도 객관적으로 읽지 못한 것은 아니었을까. 그렇다면 내 직업병이 작동하지 않은 것을 서러워할 이유가 없다.

생각해 보라. 만약 유명한 집안 출신에 세계적 명문대를 나온 사람이 자신의 성공을 은근히 자랑하면서도, 진짜로 성공했다는 말을 들으려면 아직도 갈 길이 멀다면서, 정말로 성공했다는 판단이 서면 그때 비로소 사회봉사도 하고 주변에도 베풀면서 살겠다고 한다면? '싸가지가 없다'는 느낌을 받을 게 분명하다.

그런데 심 회장은 어떤가. 가난한 집안에서 태어나 평범한 고등학교를 졸업하고 '준교사' 자격증을 따내 마산의 몇몇 학교에서 수학 선생님으로 학생을 가르치며 대학을 다닌 것이 초기 경력의 전부다. 그런 그가 초초초경쟁사회의 심장이라고도 할 1980년대 서울 중심의 학원가에서 '대강사大講師'라는 호칭을 얻고, 대형학원까지 설립해 '대박'을 침으로써 한 시대를 풍미했다. 그래서 그는 이 책의 제목을 당당하게 『나는 성공했다』라고 했다. 그의 '자랑'에 내가 거부감을 느끼지 않는 것은 '성공' 그 자체에 동의하기도 하지만, 그가 더 큰 성공을 갈구하는 '속물'이 아니라 '만족'을 아는 사람이기 때문이다. 그런 그를 누가 미워할 수 있을 것인가. 혹시 그의 '자랑'에 '예의'를 운운하는 사람이 있다면 물어보고 싶다.

연탄재 함부로 발로 차지 마라
너는
누구에게 한 번이라도 뜨거운 사람이었느냐

「너에게 묻는다」는 안도현의 시다. 심 회장은 '한 번'이 아니라, '언제나' 뜨거운 사람이었던 것 같다. 교재연구와 강의와 학생들에게…. 그러니 그를 돈과 명성만 밝히는 '학원 강사'라고 발로 차서는 안 된다.

사실 나도 기자가 되기 전 심 회장의 본거지인 서울 송파(잠실)에서 1년 반 정도 중학교 선생으로 일한 적이 있다. 또 기자가 되어서도 5년 정도 서울시교육청과 교육부를 담당했다. 그래서 심 회장이 말하는 교재연구니, 강의니, 학생지도니 하는 것들의 의미를 잘 안다. 그리고 그런 것들을 제대로

해내는 것이 얼마나 힘든지도 역시 잘 알고 있다. 그래서 하는 말인데, 그는 '강사'로 있으면서 '스승'을 꿈꿨던 것 같다.

나는 자주 이렇게 말한다. '강사'는 자기 수업만 책임지면 되고, '교사'는 자기 교실만 책임지면 되고, '선생'은 자기 학교만 책임지면 되고, '스승'은 학교 밖까지 책임진다. 심 회장은 학교도 아니고 학원의 강사였다. 그러니 자기 수업만 책임지면 된다. 그런데 그는 그렇지 않았다. 학생을 때려가며 공부시키고, 미래를 얘기하며 용기를 주고, 장학재단을 만들어 꿈을 나눠준 것은 '스승'의 열정이 없으면 안 되는 일이다. 그에게 붙은 '대강사'를 내가 '참스승'이라고 읽고 싶은 이유이다.

몬주익의 영웅 황영조 선수가 올림픽 남자마라톤에서 금메달을 딴 것이 1992년 스페인 바르셀로나 올림픽에서였다. 이때 여자 마라톤에서는 아리모리 유코有森裕子라는 일본 선수가 은메달을 목에 건다. 아리모리는 올림픽이 끝난 뒤 '번아웃증후군'에 시달린다. 오로지 한 가지 목표만을 향해 달려온 사람이 그 목표가 사라질 때 생기는 증상이다. 그렇지만 아리모리는 이를 떨치고 일어나 1996년 미국 애틀랜타 올림픽에 다시 출전한다. 이번에는 동메달을 획득한다.

이런 경우 여러분은 아리모리 선수에게 어떤 말을 기대할 것인가. 대체로 "죄송합니다. 조금만 더 분발했으면 국민 여러분께 금메달을 선사할 수 있었을 텐데, 그렇지 못해서…" 정도가 아닐까. 그러나 그녀의 입에서는 예상 밖의 말이 튀어나왔다.
　"오늘 나는 나 자신을 칭찬하고 싶습니다."
　태어나면서부터 절대로 모난 행동을 하지 말라고 가르치는 일본 사회에서 이 말의 파장은 컸다. 처음에 그녀는 '나르시시스트'라는 비판을 받았다. 하지만 혹독한 훈련과 어려움을 극복하고 두 번의 올림픽에서 연속으로 메달을 따낸다는 것은 대단한 일이다. 그녀는 사회의 금기를 깨고, 남이 인정하든 않든 나는 그렇게 생각한다고 말한 것이다. 그래서 그녀의 말은 당당하고 멋지다. 그녀의 말은 1996년 말, 일본이 매년 연말에 선정해 발표하는 '올해의 유행어대상'에 올라 지금까지도 인구에 회자하고 있다.

　심 회장이 "나는 성공했다"고 하는 것도 아리모리 선수의 심정과 같다고, 나는 생각한다. 후회 없이 일했고, 개인적으로도 사회적으로도 성공했고, 주변에도 베풀며 잘살고 있는

데, 굳이 성공했다는 말을 입속에 담아둘 필요가 있겠는가. 그 당당한 사고에 박수를 보낸다. 그러나 본인만이 그렇게 말하는 것은 어딘가 섭섭하다. 그래서 대강사로 성공한 심 회장에게 한때 대기자라는 말을 들었던 후학이 기꺼이 헌사를 드린다.

추천사

"당신은 성공했습니다"
20년간 지켜본 심재안 회장

이근식 전 행정자치부장관
제17대 국회의원

심재안 회장은 옛 가야국 중 하나였던 아라가야의 중심이자 현 경상남도 한가운데 위치한 경남 함안군의 지체 높은 청송 심 씨 가문에서 태어났다. 함안은 잘 아시는 바와 같이 가야 고분군, 고려동 등 역사적인 유적지가 많은 곳이다.

심재안 회장은 이런 역사적 분위기가 풍겨나는 환경과 자랑스러운 가문에서 출생한 때문인지 역사의식이 뚜렷하고 선비정신이 투철하며, 예의범절과 법도를 중시하면서 정직한 삶을 영위해 왔다.

지금의 함안은 창원과 인접해 있고 경남의 중앙이라는 지리적 여건 때문에 교통의 요충지로서 크게 도시화되고 있지만 심 회장이 자랄 때 함안은 그야말로 두메산골과 마찬가지 시골 농촌이었다. 그래서 그런지 심 회장에게는 시골의 농심이 고스란히 간직되어 촌사람 기질이 묻어나기도 한다. 거짓말을 못하는 정직함과 자애롭고 인정스러운 심성과 어떤 역경에서도 이를 극복해 내야겠다는 강인한 기질은 많은 사람들의 귀감이다. 그리고 근검과 절약정신이 몸에 밴 서민적 생활습성도 그의 삶에 농축되어 있다.

본인이 심 회장과 만난 지는 벌써 20년이 되어간다. 본인이 정치에 뛰어들어 국회의원 선거에 임할 때였다. 처음에는 후원회원의 일원으로 시작된 관계였는데 정치 판세를 읽는 눈이 치밀하고 정확하며 폭넓은 지식을 지니고 있음을 확인할 수 있었다. 그의 인생관, 세계관이 합리적이며 확고한 소신과 철학을 갖춘 보기 드문 인재이다.

세월이 흘러 오늘에 이르러서는 형제와 진배없는 관계로 성숙되어 양가가 가족처럼 지내고 있다. 살아오면서 심 회장에 대해 감명 깊게 느낀 점은 책임감이 확고하다는 사실과 약속을 철저히 지킨다는 것이다. 자기와 연관되어 발생

한 일에 대해서는 주위에 전가함 없이 혼자서 해결해 내는 것을 여러 번 보고 들었다. 일단 약속한 일은 어떠한 경우가 생기더라도 칼같이 이행함을 경험했다. 이번 심 회장 회고록은 그의 70평생 고뇌와 땀, 영광스러운 삶이 고스란히 녹아있다.

싱그러운 함안의 풀내음도 함께 배어 있는 듯하다. 이제 심 회장의 회고록 출간에 즈음하여 나 자신을, 아니 내 게으름을 다시금 깨닫고 탓하게 되었다. 오래전부터 본인이 한가해지면 수십 년 공직 경험과 삶의 궤적을 글로 남겨야지 하면서도 이를 아직 실천에 옮기지 못하고 있다. 이젠 다른 사람의 출간에 축하의 글만 쓸 것이 아니라 내 글을 정말 써야겠다는 다짐을 다시 하게 되었다. 이런 생각이 든 것도 심 회장 덕분이라고 생각하니 무척 고마워진다. 아무쪼록 심 회장의 남은 여생, 건강과 행운이 충만하기를 빌며 본 회고록의 출간을 진심으로 축하한다.

감히 모든 분들에게 본서의 추천사를 올려드립니다.

감사합니다.

추천사

내 고향 송파지킴이 심재안 회장

강신명 전 경찰청장

　듣기만 해도 다정하고, 우리의 심금을 울리는 '고향'이라는 단어는 일상생활에서 친숙하게 또 널리 사용되고 그 의미 또한 다양하다. '고향'이라는 단어의 뜻을 국어사전에서 찾아보면
　첫째. 자기가 태어나서 자란 곳
　둘째. 조상대대로 살아온 곳
　셋째. 마음속에 깊이 간직한 그립고 정든 곳 등 여러 가지 의미를 가지며 각자의 생활환경과 상황에 따라 '고향'이라는 단어를 사용한다. 과거 정착생활을 주로 하던 농경사회에서

벗어나 산업화, 도시화, 정보화 사회로 전환되고 이동성이 극대화됨에 따라 대체로 세 번째 정의 즉 자기 인생에 가장 큰 영향을 주거나 자신의 정체성을 정립한 곳이 새로운 의미의 '고향'으로 자주 사용되는 경향이 있다. 그런 의미에서 본다면 심재안 회장과 필자의 고향은 '송파'라고 할 수 있고 우리 두 사람은 동향인인 셈이다.

심재안 회장은 약관의 나이에 대한민국 최고의 교사로 교편생활을 하다가 서민들이 쉽게 찾을 수 있는 대중제 학습에 뜻을 세우고 송파에서 교육사업을 시작한 이후에 단 한 번도 송파를 벗어나지 않았음은 물론, 앞으로 남은 여생까지 송파를 지키며 살아갈 사람이니 송파는 그야말로 그의 고향이다.

그는 성공한 교육사업가에 머물지 않고 자신을 키워주고 보듬어준 송파를 위하여 다양한 지역사회 봉사활동을 해왔음은 주지의 사실인데, 특히 송파 주민의 안전과 평온을 사명으로 하는 지역사회 경찰활동에 남다른 애착과 열성을 가지고 송파경찰서 경찰발전위원회에 20여 년 넘게 참여해 왔다.

필자와 인연을 맺은 것은 2008년 필자가 송파경찰서장으로 부임하면서 당시 송파경찰서 경찰발전위원장이던 심재안 회장과 호흡을 맞추기 시작하면서부터이다. 심재안 회장은 한없이 다정한 성품이지만 공사公私가 분명하고 할 말은 하는 스타일이라 송파 지역 치안 발전을 위해 주민의 여론과 의견을 있는 그대로 경찰에 전달하고 강력한 실천을 요구하는 것은 물론, 말로만 그치지 않고 일선 경찰관이 보다 효율적이고 적극적으로 활동할 수 있도록 물심양면 지원을 아끼지 않았다. 지역 치안에 민관이 한마음 한뜻으로 노력한 결과, 당시 전국 최대 규모였던 송파경찰서가 치안종합평가에서 우수한 성적을 거두어 필자는 재직 기간 동안 많은 업적을 이루어 낼 수 있었다. 이를 토대로 경북경찰청장, 치안비서관, 서울경찰청장을 거쳐 과분하게도 경찰청장의 영예를 안게 되었다. 그런 의미에서 송파는 필자의 경찰 인생을 꽃피운 밑그림, 즉 고향이라고 자부하고 싶다.

  사실 필자는 송파경찰서장 재직 당시에도 심재안 경찰발전위원장의 리더십 본질은 30여 명이 넘는 위원들과 화합하고 소통하는데 있었다. 그 바탕에는 그의 정情과 의리義理가 베어있었다. 몸에 밴 겸손과 상대방의 말을 먼저 듣고 난 이후에야 자신의 의견을 밝히는 경청의 자세가 그를 돋보이게 했다. 그리고 어려운 이웃을 보면 언제나 먼저 손을 내미는 따뜻한 마음은 그의 강점이기도 했다.

  특히 송파를 거쳐 간 공무원들에게 끝까지 인연을 이어준 것이 가장 큰 감명이었다. 필자도 송파경찰서장 임기를 마치고 떠난 후에도 송파지역 행사에 꼭 초대하여 준 것은 물론이고 경북경찰청장으로 재직 시에는 멀리 대구(당시 경북경찰청은 대구에 소재)까지 방문하여 소주잔을 기울이며 정담을 나누기도 했다. 서울경찰청장 재직 시 서울시민의 한 사람으로서 수시로 만나 수도 치안에 대한 걱정과 조언을 아끼지 않았다. 그런 인연은 경찰청장 퇴직 이후에 오늘날까지 인생의 선배이자 친구로서 따뜻하게 마음을 나누며 살고 있다. 지금 당장이라도 송파에 달려가면 심재안 회장이 나를 반갑게 맞아줄 것이다. 심재안 회장은 우리 고향 송파의 든든한 지킴이다.

추천사

리더로서 품격을 갖춘 사진작가 심재안

유수찬 한국사진작가협회 이사장

　심재안 회장님의 자서전 출간을 진심으로 축하드립니다. 뛰어난 인품을 갖춘 위대한 교육자이자 동시에 성실한 사진작가인 심 회장님은 살아오는 동안 많은 사람에게 깊은 감동을 주셨습니다.

　교육자로서 큰 성공을 이루신 회장님은 그 성과와 능력을 바탕으로 자신이 사랑하는 문화예술의 발전을 위해 꾸준히 공헌을 해오셨습니다. 특히 한국사진작가협회 장학기금관리위원회 위원장직을 맡아 본인의 재능과 열정을 나누며 우리 협회를 비롯하여 사진예술계의 많은 이에게 큰 도움을 주고 계십니다.

특히 타인을 배려하는 리더로서의 품격을 갖춘 사진작가로 바쁜 와중에도 왕성한 창작활동을 해오셨기에 후배 작가들에게 커다란 존경을 받고 있습니다. 작품 활동을 하는 동안 '서울특별시 사진대전 우수상', '한국사진작가협회 10걸 상을 수상하며 그 재능을 보여주었고 뉴욕 타임스퀘어 사진전과 Coex Seoul 사진전에도 참여하며 국제적인 무대에서도 뛰어난 사진작가로 작품성을 인정받았습니다.

자서전을 통해 심재안 회장님의 삶과 예술 세계를 더 많은 사람들이 접할 수 있게 되어 매우 기쁩니다. 이번 자서전은 훌륭한 삶을 살아온 한 사람의 이야기와 철학을 담고 있습니다. 이를 통해 많은 분이 영감을 얻고 예술을 이해하며 삶의 올바른 방향을 설정하는 법을 배우길 기대합니다. 다시 한번 자서전 출간을 축하드리며 오래도록 많은 이의 귀감이 되어 주시길 부탁드립니다.

추천사

자기 길을 묵묵히 걸어가는 신사

육현철 한국체육대학교 교수

   심재안 회장님을 처음 뵙게 된 것은 약 20여 년 전 국립한국체육대학교 최고경영자과정 대학원 주임 교수로 있을 때 원우로 처음 만나게 되었습니다. 최고경영자과정은 사회에서 성공한 CEO분들로 구성이 되어있었는데 심 회장님은 기수 회장으로 원우회 활동을 재미있고 끈끈한 정을 나눌 수 있도록 리더십을 발휘하였습니다.

   우리 한국체대 CEO 과정은 일반 상식, 건강 상식과 레저 스포츠 교육으로 육체적 건강과 정신적 건강을 지킬 수 있도록 하는 과정입니다. 심 회장님은 한국체대 최고경영자과정에서 회장으로서 진취적이며 적극적으로 원우들을 이끌었습니다. 금전적인 후원도 아끼지 않고 봉사하는 모습이 남달라 보였습니다.

  경남 함안이 고향인 심 회장님은 학원 강사로 사회생활을 시작하셨고 요즘 일타 강사처럼 인기가 있어 밥 먹을 시간조차 없이 강의를 열심히 하여 송파구에 제일영재학원을 설립하였습니다. 청소년들의 학력을 높이는데 지대한 공을 세운 분이라고 생각합니다. 송파구에서는 학생뿐만 아니라 학령기 자녀를 두고 있는 학부모라면 제일영재학원을 모르는 사람이 없을 정도였으니 성공한 교육자이자 CEO임이 분명합니다.

  사회봉사도 열심히 한 그는 2014년 제8대 송파문화원장으로 취임하여 송파 사람들 삶의 질을 높이는데 기여하기도 했습니다. 문화원 프로그램을 창의적으로 손질하고 매년 개최되는 한성백제문화제를 한 단계 성장시켜 구민의 축제로 발전시키는데 열정을 쏟아붓기도 했습니다. 나는 송파문화원 이사로서 함께하며 양질의 문화를 보급하기 위한 심재안 송파문화원장의 열정을 보았습니다. 그리고 많은 것을 배우는 계기가 되었습니다.

  2018년부터 심 회장님과 같은 아파트에 살면서 3가족이

정기적으로 동네 모임을 하고 있습니다. 번개 모임까지 더하면 거의 한 달에 한 번은 만나게 됩니다. 서로 집으로 초대하여 식사도 하고 국내·외 여행도 함께 다니면서 지켜본 심 회장님에 대해 이야기한다면 첫째로 정말로 부지런하고 자기관리가 철저한 사람입니다.

아침에 일찍 일어나 반신욕을 하고 홈트레이닝을 반드시 하는 루틴을 가지고 살며 시간이 날 때마다 사모님과 동네 둘레길을 걷는 모습을 자주 보았습니다.

둘째로 매우 검소하십니다. 집안 살림이나 식당에서도 검소한 모습을 보여주고 실천하기 때문에 함께해도 부담이 없어 모두 행복해합니다.

셋째로 베풂의 리더십이 훌륭한 분입니다. 한국체육대학교 최고경영자과정 시절부터 한국체육대학교 체조 선수들에게 수년간 장학금을 주어 아시안게임이나 올림픽에서 금메달을 획득할 수 있게 해주어 스포츠인을 대표하여 감사를 드립니다. 그의 따뜻한 마음은 언제나 불행한 이웃이 없는가 돌아보곤 합니다. 몸이 아플 때 유명 마사지센터에 갈 능력이 있지만 탈북학생이 운영하는 헬스 케어센터를 이용하는 모습을 보면서 존경의 마음을 갖게 되었습니다.

심 회장님이 사회적으로 성공한 CEO가 되기까지는 보이지 않게 내조한 사모님이 있었기에 가능한 일이었다고 생각됩니다. 앞으로 남은 여생 훌륭한 사모님과 함께 건강하고 즐겁게 보내시길 바라는 마음입니다. 심 회장님의 일대기가 수록된 자서전이 기다려집니다. 어릴 적부터 지금까지 삶의 궤적이 무척 궁금하고 기대가 됩니다.

감사합니다.

차례

작가의 말 | 나의 성공의 열쇠는 어머니께 배운 묵언의 가르침   4
권 두 언 | 심규선 전 동아일보편집국장·대기자   6
추 천 사 | 이근식 전 행정자치부장관·제17대 국회의원   14
            강신명 전 경찰청장   17
            유수찬 한국사진작가협회 이사장   21
            육현철 한국체육대학교 교수   23

1부   성공을 꿈꾸며 무작정 상경하다

1. 불확실한 미래   36

2. 낙원동 과외방 교사로 취업되어
   서울살이 가능성을 확인하다   39

3. 잉걸불처럼 교육열정으로 타오르던 시절
   제일고시학원 강단에 서다   47

4. 강의도 인생도 내 스타일로 살았다   55

2부 집념으로 이룬 대강사大講師의 꿈

1. 경기학원에서
   대형학원 강사의 꿈을 이루다 　　　　　　　　　64

2. 대진학원에서 대강사 반열에 오르며
   EBS 강의도 했다 　　　　　　　　　　　　　　74

3. 대강사의 수업을 직접 수강하며
   노하우 배워 내 것으로 만들다 　　　　　　　　79

4. 청산학원 시절 전타임 마감 강사로
   스타강사의 자리 굳히다 　　　　　　　　　　　84

3부 박수 받으며 학원 경영자의 길로

1. 아이템 2000 학원으로 심재봉 선생을 찾아
   학생들이 몰려오다 　　　　　　　　　　　　　92

2. 다시 도전하여 제일연세기숙학원을 개원하다 　99

3. 제일영재학원·제일영재입시학원, 집념과 소통으로
   최고의 경영자가 되다 　　　　　　　　　　　105

4. 학원 경영에도 오너의 카리스마가 필요하다 　114

4부   언제나 인생길에 동반자가 있어서 외롭지 않았다

1. 민주평통 송파구협의회장 되어
   새터민에게 정성을 쏟다   127

2. 송파경찰서 행정발전위원장으로 인해
   지금까지 이어지는 소중한 인연들   132

3. 송파장학재단 설립하여
   젊은이들에게 꿈을 나눠주다   137

4. 제8대 송파문화원장으로 취임하다   140

5. 송파국제로터리클럽 회장으로
   봉사의 꽃을 피우다   143

6. 교육이라는 가장 넓고 깊은 책을
   들여다보는 학교운영위원장   147

5부　삶을 풍요롭게 한 나의 인연

1. 소중한 사람들　151

2. 가보지 않은 길, 와인스쿨에서 만난 사람들　156

3. 이기는 것도 인생, 지는 것도 인생 아닌가　161

4. 사진, 그리고 인생　163

6부　사랑하는 가족, 그리운 고향

1. 언제나 따뜻하게 보듬어준 가족의 울타리　174

2. 모교는 내 정신적 DNA의 원점　189

3. 고향은 언제나 안부를 묻고 싶은 곳　199

4. 함께라서 더 큰 존재로 도약하는 청송 심 씨 청심회　203

 **이제야 삶이 보이는 지금,
나머지 삶은 소풍나온 듯 살고 싶다**

1. 내 마음의 밭에는 행복이 자라고 있다   208

2. 부모님과 추억을 만들지 못한 아쉬움   211

3. 원인 모를 배가 아파 알게 된 생과 사의 갈림길에서   215

4. 덤으로 사는 인생, 바닷바람 맞으며
   느린 햇살과 벗하며 살으리랏다   219

8부 심재안 이사장의 특별한 도반들

최상재 – 나의 친구 심재안　　　　　　　　　　　223

신승렬 – 30대에 만나 35년 우정을 나눈
　　　　　내 친구 심재안　　　　　　　　　　227

심대용 – 제일영재 임원으로서
　　　　　20년 이상 지켜본 회장님　　　　　　231

안광섭 – 수행비서로서 15년간 같이 생활한 회장님　234

김상미 – 이 세상에서 일곱 번 태어난 인생을
　　　　　바라보는 시선　　　　　　　　　　　237

큰딸 희정 – 행복했다고 말하지 않아도　　　　　242

11세 손녀 서진 – 할아버지 손녀라서 행복해요　　245

9부 심재안 이사장 기고문 중에서

1. 사회공헌과 피그말리온 효과　　　　　　　　249

2. 비대면시대의 학습전략　　　　　　　　　　　263

3. 인간과의 공존을 위한 조경　　　　　　　　　271

10부 대형 학원가 40년사, 빛낸 인물 40여 명
아름다운 동행 (이남희 저, 뿌리출판)

'장영실 교육문화대상'에 빛나는 제일영재학원
'대통령 표창·국민훈장 목련장 수훈' 심재안 이사장   280

11부 초, 중, 고등학생의 학부모 역할
(심재안 이사장 저서 '학부모 역할' 중에서)

- 초, 중, 고생 학부모 지침서 -
 (할아버지, 할머니 필독서)

1. 학부모는 학생에게 어떤 자세로 임해야 하는가   289

2. 학생의 건강관리는 어떻게 하는 것이 좋은가   291

3. 학생의 정신관리는 어떻게 하는 것이 좋은가   296

4. 학생의 학습 독려와 지도는
   어떻게 해야 하는가   302

5. 학생의 동반자로서 역할은 어떤 것인가   315

1부

성공을 꿈꾸며 무작정 상경하다

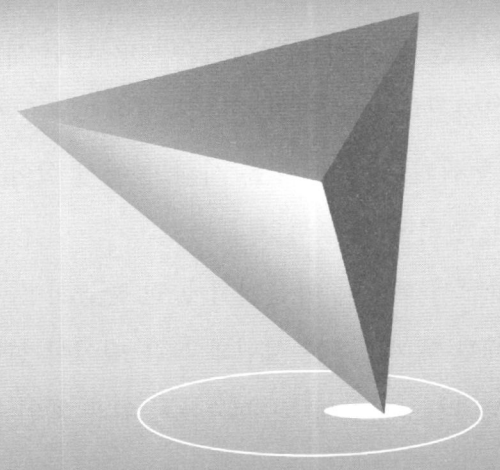

1. 불확실한 미래

 1970년대에 멀리 이동하는 사람들의 발이 되어준 기차는 빠르기에 따라 새마을호, 무궁화호, 통일호가 있었다. 나는 새마을호에 청춘의 꿈을 싣고 무작정 마산을 떠나 서울역에 도착했다. 6시간 정도 걸려 난생처음 발을 디딘 서울은 내게 물음표로 다가왔다. 서울역 빌딩숲은 경이로운 동시에 그 높이에 눌려 두렵기도 했다. 많은 사람 틈에서 살아남아야 한다는 의지로 주먹을 불끈 쥐었다.

 경남 함안에서 태어나 마산에서 놀던 촌놈이 상경하게 된 동기는 출세를 해야겠다는 일념과 돈을 벌어야 한다는 마음이 전부였다. 나는 서울에 둥지를 틀기 위해 제일 먼저 숙소를 정해야 했다. 근처 복덕방에 들러 서울에서 제일 싼 하숙집을 물었다. 늙수그레한 노인이 오랜 경험을 바탕으로 도봉구 도봉동(이하 모든 행정구역은 현재 기준이고 도로명 보다는 지번 사용)이나 은평구 불광동을 찾아가 보라고 했다. 서울 지리에 깜깜한 나는 돌다리도 두드리며 건너는 심정으로 여러 사람에게 똑같은 질문을 했다. 불광동 쪽으로 가보라는 사람이 더 많아 그쪽으로 가보기로 했다. 용기를 내서 어떻게 가느냐고 물었더니 친절하게 버스를 갈아타고 가는 노선까지 상세하게 안내해 주는 사람이 있어 고마웠다.

불광동행 버스에 몸을 싣고 한참을 가는데 창밖 풍경이 내가 살던 마산과 별 차이가 없어 보였다. 개천도 있고 우물도 있고, 서울이라고 별다른 풍경이 아니었다. 그때 운전사가 "여기가 불광동입니다. 서울역에서 탄 손님 여기서 내리세요"라고 했다. 고맙다고 인사를 하고 짐을 챙겨 내려선 땅이 왠지 낯설지 않게 느껴졌다. 불광동은 행복을 찾으려고 홀로 서기를 하려는 마산 촌놈을 따뜻하게 맞아주었다.

삶은 무수한 시작을 품고 흘러간다. 나의 이 시작은 더 큰 세상으로 가기 위한 도약대 같은 것이었다. 버스 정류장에 내려 정보가 많을 것 같은 깔끔한 복덕방에 가서 제일 싼 집을 찾았다. 내 행색을 보고 창밖으로 보이는 야트막한 야산을 넘어가라고 했다. 꼬불꼬불한 길을 걸어 산등성을 하나 넘으니 작은 동네가 보였다. 마을 초입에 있는 집으로 들어가 하숙을 치느냐고 물으니 푸근해 보이는 아주머니가 우리 집도 하숙생을 구한다며 반갑게 맞아주었다.

서울살이 첫날 하숙집을 정했는데 방 하나에 두 사람이 묵는 조건이었다. 룸메이트는 나보다 나이가 어린 내무부(현 행정안전부) 공무원이라고 자신을 소개했다. 그는 첫날부터 안 들어왔다. 아마도 당직이었던 모양이다.

그날 밤 이런저런 생각에 나는 잠을 이룰 수가 없었다. 아무도 기댈 곳 없는 서울이라는 낯선 도시에서 성공하고 싶다는 마음만 있을 뿐, 불확실한 미래가 내 편이 되어줄지 어떨지 망막하고 착잡했다. 나 자신에게 가장 훌륭한 존재가 되어야 한다는 생각에 몰입한, 1977년 스물여덟 살의 홀로서기는 너무나 절실했다.

2. 낙원동 과외방 선생으로 취업되어 서울살이 가능성을 확인하다

할 일이 없는 나는 이른 아침에 일어나 밥을 먹고 버스를 타고 종로로 나갔다. 그 당시 서울 시내에는 학원이 20개가 있었는데 종로통을 중심으로 모두 사대문 안에 몰려 있었다. 학원 선생으로 들어가고 싶어 종로 거리를 어슬렁거리기 시작했다. 학원에 들어가 강사를 하고 싶었지만 경력도 없고 소개해 줄 사람도 없어 난감했다.

내가 학원 강사를 꿈꾼 것은 상경 전에 마산에서 수학선생으로 일했기 때문이다. 나는 고향인 경남 함안과 붙어 있는 창녕의 남지고등학교를 졸업했다. 고려대학교에 응시했으나 낙방하고 말았다. 낙방 후 바로 군에 입대했으나 가족력인 혈압 때문에 8개월 만에 군복을 벗었다. 제대 후 중학교 은사인 김OO 선생님의 도움으로 마산의 고등공민학교(중학교 과정)에서 임시 선생으로 취업해 수학을 가르쳤다. 당시는 준교사라는 제도가 있었는데 10명을 선발하는 데 합격했다. 이후 초등학교 선생으로 발령을 받았으나 김 선생님의 조언을 듣고 초등학교를 떠나 예전에 근무하던 고등공민학교의 정식 선생이 됐다.

그때 경남대에 입학해 낮에는 공부하는 학생으로, 밤에는 학생을 가르치는 야간부 선생으로 열심히 살았다. 고등공민학교에서 2년을 근무하고 역시 마산에 있는 진일고로 옮겨 1년을 근무했다. 김 선생님이 또다시 마산여상으로 끌어줘서 수학선생으로 근무했다. 경남대의 학생 생활은 잠시 멈추어 두고 서울로 올라왔다. (나는 서울에 온 후 소형학원 수학 선생을 하면서 미국 버나딘대 한국분교를 졸업하고 고려대 교육대학원에 진학했다. 교육대학원은 3년 반을 다녔지만 학원 수업이 바빠 졸업은 못 하고 수료만 했다.)

이런 정도의 경력밖에 갖고 있지 않은 내가 날고 긴다는 대강사가 즐비한 서울의 학원가에서 성공할 수 있을 것인가. 두려움과 불안이 밀려왔다. 그러나 부딪치고 두들겨 봐야 했다. 나에게는 다른 선택지가 없었다. 그만큼 나는 절실했다.

　1978년 경에는 길거리에 '벼룩시장'처럼 구인구직란이 가득한 신문이 많았다. 구인란에서 과외방 선생을 모집하고 있었다. 무작정 찾아갔다. 지금 생각해 보니 종로구 낙원동 쪽 같은데 서울 지리에 어두운 나는 10분이면 갈 수 있는 곳을 1시간쯤 헤매서 찾아갔다.

　중년 신사가 A4용지를 주면서 이력서를 쓰라고 했다. 그곳에는 교실이 3개 정도 있었다. 그는 교재를 내주면서 학생들에게 가르치듯 해보라고 해서 나는 원장을 앉혀놓고 시강試講을 했다. 강의가 끝나자 내일 다시 오라며 책 한 권을 줬다. 내일 공부하러 오는 고등학생 그룹이 있는데 그 학생들에게 가르칠 것을 연구해 오라는 거였다. 서울살이를 위해 내가 풀어야 할 첫 번째 숙제였던 셈이다.

　불광동 하숙집으로 가는 오르막길에 독서실이 하나 있었다. 아직 정식으로 출근하라는 말을 들은 것도 아니지만, 한 달짜리 독서실 출입증을 끊고 수업 준비는 그곳에서 하기로 했다. 나는 벅찬 심정으로 첫 수업을 준비하며 "두려워하지 않는 자만이 행복을 찾아낼 수 있다"는 쇼펜하우어의 말을 가슴속에 새기고 또 새겼다.

다음날 과외방에 가서 실제로 학생들을 앞에 놓고 50분쯤 수업을 했다. 끝나고 앉아 있는데 원장님이 얘기 좀 하자고 했다. 그는 내게 술을 마실 줄 아느냐고 물었다. 술을 한잔 기울이며 그는 "어떻게 해서 서울에 왔느냐", "마산에서는 몇 학년 수업을 했느냐"고 여러 가지를 물었다. 그는 내가 맘에 든다며 다음 주 월요일부터 정식으로 시간을 줄 테니 수업을 해보라고 했다. 정면으로 맞닥뜨려 취업의 벽을 허무는 순간이었다. 살아보겠다는 용기 하나로 서울살이의 두려움을 떨쳐버린 느낌이었다.

나는 원장과 3개월 계약을 하고 과외방 수업을 시작했다. 수업을 한 지 한 달이 되었을 때 원장이 소주 한잔을 사주며 봉투를 주었다. 나는 더 열심히 하겠다고 인사했다. 하숙집으로 돌아가는 길에 돈을 세어보니 마산에서 받던 월급보다 많았다. 내 꿈을 실현할 수도 있겠다는 자신감이 들었다.

나는 낙원동 과외방 출근길에 종로통 학원가를 오가며 '나도 언젠가는 저런 대형학원에서 강의를 하게 될 것'이라는 꿈을 꿨다. 꿈을 실현하는 지름길은 성실하게 수업을 준비해서 학생들을 쉽게 이해시키는 길밖에 없었다.

원장도 나의 성실함을 인정했던지 그다음 달 월급은 전달보다 더 많았다. 계약한 3개월 동안 두 반의 수업을 맡아 최선을 다해 준비하고 가르쳤다. 3개월이 지난 후 원장이 또 술 한잔 하자고 청했다. 혹시 그만두라고 할까 봐 조마조마했다. 그렇게 되면 다른 과외방을 찾아가야 할지 불안했다. 그러나 원장의 마음은 내 생각과 달랐다. 다시 6개월을 계약하자고 했다. 나는 흔쾌히 승낙했다. 내 능력을 인정받았다는 사실에 기쁨을 감출 수 없었다.

그것은 작은 시작에 불과했다. 가난의 굴레를 벗고 부자의 꿈을 이루려는 내게 시도와 시작은 늘 피할 수 없는 도전이었다. 인생의 여정에서는 어떤 일이 어떻게 벌어질지 아무도 모른다. 나는 새로운 시작 앞에서 종종 두려움을 느끼기도 했지만 그것을 즐기기로 했다. 시작을 해야 성공도 할 수 있는 것 아닌가.

하숙을 시작하고 서로가 바빠 신고식도 못 했는데, 나와 룸메이트가 하숙집 아주머니를 모시고 술을 한잔 마실 기회가 생겼다. 영원인 동시에 찰나인 삶을 살고 있는 우리는 많은 대화를 나눴다. 우리의 대화는 "내일이면 늦으리. 현재를 잡아야 한다"는 쪽으로 흘러갔다.

내가 하숙집 아주머니에게 과외방에서 수학을 가르치기

때문에 잠자고 먹는 시간 외에는 독서실에서 공부할 것이라고 했더니 젊어서 고생은 사서도 한다고 격려했다. 저녁밥을 먹고 다시 독서실로 향하는 내게 하숙집 아주머니는 늘 "빨리 출세해 큰 학원에서 강의를 했으면 좋겠다"고 응원해 줬다. 아주머니는 경기도 파주 사람인데 나를 바라보는 눈빛이 참 따뜻했다.

'심재봉'이라는 학원용 이름 얻고 여의도까지 진출

학원가에서는 강사의 이름도 상품이다. 하루는 원장이 서류를 떼어 오라고 해서 마산에서 미리 갖고 간 주민등록증과 교사자격증을 제시했다. 단번에 '심재안'이라는 이름은 학원가에서는 부르기 어려우니 '심재봉'으로 바꾸면 어떻겠냐고 물었다. 나는 좋다고 하며 선뜻 새 이름을 받았다. 학원 밥을 먹은 지 3개월 만에 4개 반을 맡았다. 고1반 두 개, 고2반 두 개에 들어갔는데 한 반에 5명씩이었다. 처음이니 고3반은 좀 있다가 하자는 원장의 말에 동의했다. 모든 일에는 순서가 있는 법이니까. 나는 새 이름을 받은 것이 감사해 중구 무교동에서 원장에게 술을 한잔 샀다. 원장과 친해지려는 노력도 많이 했다.

4개월쯤 지나니까 강의를 잘하는 요령도 생겼다. 그런데 고1반은 수업이 진지하고 호응도 좋은데 고2반은 반응이 별로였다. 2학년 학생들에게 열심히 연구해서 쉽게 가르칠 테니 잘 들어달라고 부탁했다. 한 달쯤 지나니 학생들이 달라졌다. 길을 모르는 학생들에게 옳은 길을 가르쳐 준 선생이 된 느낌이었다.

과외방 생활이 6개월쯤 되었을 때였다. 원장이 회식을 한다고 해서 가보니 동료 선생이 7명이나 나와 있었다. 자기 수업에만 집중하느라 동료를 의식할 겨를조차 없었다. 선생 중에는 현직 선생도 두 분이 있었다. 그 과외방은 학원으로 허가를 못 받아서 그렇지, 알고 보니 작지만 꽤 유명한 학원이었다. 그 과외방과의 인연은 내게 행운이었다.

어느덧 9개월이 지나고 원장과 나는 서로 잘 통하는 파트너가 되었다. 하루는 영등포구 여의도의 과외방을 소개해 주면서 갈 마음이 있는지 물었다. 나는 되도록 많은 강의를 하고 싶었기 때문에 감사할 따름이었다. 여의도의 한 아파트에서 하는 과외방을 찾아가는 데 5시간이나 걸렸다. 학생들이 수업을 마치고 공부를 하러 오니, 그 집에서 저녁밥도 주었다. 학생들과 함께 저녁을 먹었다. 낙원동은 건물을 빌려서 과외방을 열었는데, 여의도에서는 아파트에서 과외방을 운영했다. 나는 낙원동 수업이 없는 날은 여의도로 갔다. 눈이 조금 뜨이니까 학원의 생리가 보였다. 학원 허가가 안 나니까 무허가 과외방이 음성적으로 자생했다. 그늘에 있긴 하지만, 종로 쪽이나 여의도 과외방은 강사진이 우수해서 인기가 많았다.

3. 잉걸불처럼 교육열정으로 타오르던 시절
제일고시학원 강단에 서다

　서울살이가 1년쯤 지나며 여유도 생기고 과외방 강사 생활도 무난해지니까 다른 생각이 들었다. 아직 대형학원에 이력서를 낼 처지는 못 되지만, 돈을 많이 주는 소형학원을 찾아 낙원동을 그만두기로 했다. 그 후 여의도 과외방의 손 모 원장의 소개로 마포구 합정동 과외방에도 출강했다. 여의도와 합정동을 오가며 열심히 연구하며 가르쳤다. 학생들에게 점점 인기 있는 강사로 발전하는 것을 느끼게 되니 가르치는 일에 재미가 붙었다. 대형학원 강사의 꿈을 꾸고 있을 때 손 원장이 사대문 안에는 대형학원이 20개, 검정고시 학원이 4개가 있다고 말해 줬다. 검정고시 학원은 제일고시, 금자탑,

고려, 수도학원이었다.

　검정고시 학원 중에서는 제일고시학원이 가장 유명한데, 그곳에 강사로 들어가는 것은 하늘의 별따기였다. 손 원장이 제일고시학원에 소개해 주겠다고 했을 때 고마운 마음으로 받아들였다. 새로운 시작을 해야 경험의 폭도 넓어지고 더 큰 세상으로 도약할 수 있을 것으로 믿었다.

　나는 공식적으로 제일고시학원의 소개도 받기 전에 매일 그 앞을 지나다녔다. 이런 무모한 용기는 어디서 나오는 것일까. 그러던 어느 날 손 원장의 소개로 꿈에 그리던 제일고시학원의 강단에 서게 되었다. 그 당시 제일고시학원은 김OO 원장이 운영했다. 그는 나중에 국회의원에 경주대 총장과 이사장도 역임했다. 제일고시학원은 김OO 원장 친구인 최 모 부원장이 실질적으로 관리했다.

　나는 제일고시학원으로 옮기면서 합정동과 망원동 과외방은 그만두고 일요일에 여의도 과외방만 출강했다. 제일고시학원은 아침 9시까지 출근해 밤 9시 30분에 수업을 마쳤다. 제일고시학원 때부터 나의 학원강사 생활이 본격적으로 시작한 것이다. 나는 잉걸불처럼 타오르는 열정으로 매일 매일 수업에 임하며 학원가에서 서서히 이름을 알리기 시작했다.

학생 80명의 열렬한 박수를 받으며 첫 수업을 마치다

　제일고시학원은 종로구 공평동 화신백화점 옆에 있었다. 첫 출근을 했더니 김OO 원장은 없고 친구인 최 부원장이 있었다. 최 부원장 소개로 선생들과 인사를 나누고 첫 수업에 들어갔다. 검정고시 학원에는 6개월반, 1년반, 1.5년반, 2년반이 있었다. 수강등록은 3개월에 한 번씩 했다.
　나는 몇 개 반을 맡았다. 지금은 거의 고등학교를 졸업하고 대학진학률도 90%에 육박하지만 1980년대에는 정규교육 기회를 놓친 사람들이 많았다. 그들 중 뒤늦게나마 검정고시를 통해 초중고교 졸업 자격을 얻으려는 사람이 많았다. 또 우수한 학생들은 상급학교에 더 빨리 진학하기 위해 검정고시를 이용했다. 1980년대에 검정고시학원이 성업했던 이유다.
　6개월반의 첫 수업에 들어갔을 때였다. 20대, 30대, 40대 수강생들이 앉아 있었다. 당시에는 흑판에 분필로 글씨를 써가며 수업했다. 나는 교실에 들어가자마자 흑판에 심재봉이라고 커다랗게 썼다. 그리고 아무 소리도 안 하고 학생들을 5분간 그냥 쳐다보기만 했다. 학생들도 나를 빤히 쳐다봤다. 5분 후 한 학생이 질문이 있다고 손을 들었다. 질문을 하라고 했더니 "결혼은 했습니까?"라고 물었다. 나는 "지금은 수학 시간이니 그것은 질문거리가 안 된다"고 하며 수업을 시작했다.

정규수업은 50분 수업에 10분 휴식이었다. 수업을 시작한 지 얼마 안 된 것 같은데 종료 벨소리가 울렸다. 반장이 벌떡 일어나 "차렷", "경례"를 외쳤다. 내가 나가려고 하는데 80명 정도 학생들이 일제히 박수를 쳤다. 나는 속으로 내 수업이 학생들에게 먹혀 다행이라고 생각했다.

그렇게 첫 수업은 긴장감 속에서 마쳤다. 그날 하루 6시간 정도 강의를 했다. 오전 3시간 수업이 끝나고 점심시간인데 교무부장 김 선생이 점심을 먹으러 가자고 했다. 우리는 화신백화점 건너 신신백화점 식당에서 설렁탕을 먹었다.

교무부장 선생님이 학원의 질서에 대해 말해줬다. 제일고시학원에서는 학생들이 "노" 하면 근무를 못 한다고 했다. 첫날 최선을 다해 수업을 하고, 다음 날 같은 반에 들어갔는데 학생들이 내 얼굴을 쳐다보며 한마디도 안 하고 조용히 수업을 받았다.

나는 수업을 방해하는 행동을 하면 수업을 중단한다고 했다. 내 수업에서는 옆 사람과 잡담도 허용하지 않았다. 흑판만 집중하면 성적이 오른다고 했다. 그리고 한 달쯤 지나면서 나도 학원 질서를 조금씩 알게 되어 자신감이 붙었다. 학생들이 내 수업 시간을 기다리는 눈치였다. 내가 여러분을 가르치기 위해서 무진장 연구를 하니 여러분들도 집중해서 실력을 쌓았으면 좋겠다고 했다.

담임반 학생 160명의 이름을 모두 외우고 칠판 앞에 서다

나는 3개월이 지나면서 수업 잘하는 선생으로 분류되었다. 내가 수업 들어가는 반은 시작종만 울리면 학생들 스스로가 면학분위기를 조성했다. 나는 반장에게 "차렷", "경례"를 하지 말라고 했다. 조용한 분위기 속에서 수업을 하면 집중력이 더 높아졌다.

바로 담임을 맡게 되었다. 오전반 한 반, 오후반 한 반을 맡았는데 학생은 각각 80명이었다. 나는 일주일 만에 학생들 160명의 이름을 전부 외웠다. 생활기록부에 있는 이름과 사진을 보면서 외우고 또 외웠다. 일주일 후 수업을 하면서 담임반 학생들 이름을 부르니 학생들이 깜짝 놀랐다. 학생들은 공부에 전념하기 시작했다.

　내가 담임을 맡은 반의 학생들은 지각하면 두 시간 동안 수업을 못 듣고 휴게실에서 기다리도록 했다. 두 달이 지나니까 지각생도 결석생도 사라졌다. 혹시 아프거나 일이 생겨 결석을 하게 되면 학원에 전화를 하라고 했다. 학원 사무실에서 메모를 해서 나에게 전해 주었다.

　심재봉 선생반은 떠드는 학생도 없고 숙제도 잘해 온다고 다른 반 선생님들도 칭찬이 자자했다. 8개월 정도 근무했을 때 금자탑과 고려학원에서 나를 만나러 왔다. 나를 스카우트 하고 싶다고 했다. 당시에는 월급제가 아니라 수업 시간 수에 따라 강사료를 지급했다. 담임 수당은 별도였다. 금자탑과 고려학원은 더 많은 돈을 준다고 했다. 그러나 나는 그 제의를 과감하게 뿌리쳤다. 제일고시학원 원장과 2년간 근무하겠다고 약속했기 때문이었다. 그 후 금자탑과 고려학원의 학생들이 제일고시학원으로 옮겨오기 시작했다. 학생들이 상담을 하러 오면 심재봉 선생 얼굴을 보고 등록을 하겠다고 해서 시시때때로 불려 다니기도 했다.

　나는 제일고시학원에서 열심히 연구하는 선생, 열심히 가르치는 선생으로 정평이 났다. 그리고 수업 중에 학생들에게 항상 최고가 되라는 말을 주문처럼 반복했다. 학생들에게 최고가 되라고 했으니 나도 최고 선생이 되기 위해 열심히 교재를 연구했다. 그때 제일고시학원에는 50명 정도의 강사가 근무했다. 교무부장 김 선생이 참 많은 것을 알려주고 각별하게 챙겨줬다. 시간에 쫓겨 초조하게 살았지만 낭만이 있던 시절이었다.

수강생에게 훗날의 아내를 소개 받다

수업이 밤 9시 30분쯤 끝나면 강사들끼리 몰려 나가 종로 1가 종각 옆 포장마차에 들르곤 했다. 대화를 하다 보면 술자리가 늦어져 통금에 걸리지 않으려고 노력했다. 그때마다 도로에 서서 합승택시를 타려고 "불광동 따불"을 외쳤다. 그런 날은 동네 입구에서 내려 걸어가면 집에 들어설 때는 12시가 넘기 일쑤였다. 경찰들이 호루라기를 불면서 다가오면 집이 바로 코앞이라고 둘러대곤 했다.

그때 술맛이 참 좋았다. 닭똥집, 꼼장어, 닭발을 안주 삼아 파란만장한 생활의 먼지를 털어냈다. 70, 80년대 종로 한복

판의 포장마차에서 통행금지에 쫓겨가며 술잔을 기울이던 추억은 지금도 인생이라는 편도여행의 아련한 기억으로 남아 있다.

그 당시 1호선 전철은 있었지만 불광동까지는 노선이 없었다. 변화무쌍한 강사생활에 적응하며 제일고시학원에 들어온 지 1년 반쯤 되었을 때다. 남 모라는 여학생이 중매를 서겠다고 했다. 내 나이 30쯤 되었을 때다. 그 학생이 먼저 자기는 어떠냐고 물었다. 나는 학생은 안 된다고 잘랐다. 한 달 후 여자 한 분을 데리고 왔다. 그때 다방에서 소개받은 여자가 지금 집사람 구동순 여사다.

그동안 학부형들이 소개해서 만난 여자들도 많았지만 인연이 닿지 않았다. 구동순 씨와 1년간 데이트하다 결혼했다. 내가 그녀를 선택한 것은 혼자라는 외로움을 느끼고 있을 때이기도 했고, 나를 각별하게 챙겨주는 모습이 좋아서였다. 나는 서울에서 출세도 하고 돈도 벌어야 하는데 그녀와 함께라면 가능할 것 같았다. 내가 집중해서 일을 할 수 있도록 도와줄 것 같았다. 나는 1979년에 그녀와 결혼식을 올렸다. 내 선택은 탁월했다. 그래서 나는 남들이 말하는 출세도 하고 돈도 벌었다.

4.　　　　　강의도 인생도 내 스타일로 살았다

　나는 강의도 내 스타일로 했고, 인생도 내 스타일로 살았다. 스타강사로 이름이 오르내릴 즈음 종로통에서 멋진 자가용 승용차가 지나가는 것을 본 적이 있다. 뒷자리에 앉아 있는 사람을 훔쳐보니 멋있어 보였다. 그때 내 뇌리를 흔들고 지나가는 것이 있었다. 마흔다섯 전에 운전기사를 두고 살겠다는 목표였다. 항상 그 꿈을 버리지 않고 더 많은 수입을 얻기 위해 교재를 연구했다. A급 강사가 되어야만 꿈에 더 가까이, 더 빨리 다가갈 수 있다고 생각했기 때문이다. 나는 지독하게 수업을 연구하고 노력하는 선생이었기에 학생들에게도 열심히 공부할 것을 주문했다. 공부를 안 하는 학생은 체벌했다. 여학생들은 손바닥을 때리고, 남학생들은 엉덩이를 때렸다.

 나는 학생들에게 늘 정신을 집중하라고 당부했다. 나에게 배우려면 열심히 따라오고, 그렇지 않으면 다른 학원으로 옮기라고 했다. 그 말이 교무실에 들어갔는지 어느 날은 부원장님이 나를 불렀다. 그런 말은 학원 망하라는 말이나 같다며 노발대발했다.

 그때 부원장에게 나는 호언장담했다. 내가 학생들이 몰려오는 학원으로 만들 테니 걱정말라고. 내가 그런 용기를 낼 수 있던 것은 나를 스카우트 하겠다는 학원도 있고 내 강의를 학생들이 인정했기 때문이었다. 그리고 나는 언제나 수업 진행 중에 삶은 도약하는 것이라고 학생들에게 주지시켰다. "너희 목표가 무엇이냐. 열심히 하면 내가 좋은 성적을 얻게 해주겠다"고 당당하게 말했다.

인생의 쓴 맛을 보다

 내 담임반에 정우(가명)라는 학생이 있었다. 한번은 정우

어머니가 나를 찾아와서 만나자고 했다. 그 후 나는 그녀의 속셈도 모르고 가끔 밥을 얻어먹곤 했다. 그때 나는 강남구 도곡동 13평 주공아파트에 전세로 살고 있었다. 불광동 하숙집에 살다가 처음으로 얻은 번듯한 내 집이었다. 가난을 벗어나려 안간힘을 쓰고 있는 나에게 그녀가 투자 이야기를 했다. 솔깃했다. 기사까지 두고 화려하게 옷을 입고 다니는 그녀의 겉모습만 보고 나는 철석같이 그녀를 믿어버렸다. 쉽게 돈을 벌 수 있다는 유혹에 투자할 여유가 없던 나는 사는 집 전셋돈을 빼서 맡겼다. 전세를 면하려고 지독하게 가르치며 모은 돈이었다. 그러나 몽땅 날리고 말았다.

나중에 안 사실이지만 그녀는 사기 전과로 교도소를 들락날락하는 사람이었다. 집사람이 친구한테 빌린 돈도 고스란히 날렸다. 나는 다시 미아리 삼양동에서 월세를 살기 시작했다. 비참했다. 정우는 이모가 챙겨줘서 학원은 끝까지 다녔고, 검정고시에도 합격했다. 나는 학생의 성품이 고와서 늘 마음이 쓰였다. 정우는 어머니가 나를 만난 것을 몰랐다고 했다. 그 어머니는 밉지만 정우는 장래를 생각해서 잘 챙겨주었다.

제일고시학원 2년 차일 때 내가 담임을 맡은 반 학생들은

90% 이상 합격했다. 그 당시 제일고시학원의 전체 합격률은 60~70% 정도였다. 우리 반 합격률에 다른 선생들도 놀랐다. 나는 학원가에서 인기가 대단했다. 학생들이 심재봉 선생을 찾아 제일고시학원으로 몰려들었다.

미모의 여의사와 인연

어느 날 미모의 여인이 나를 찾아왔다.

"나는 의사인데 선생님 반에 김우혁(가명)이라는 학생이 있어요. 그 학생을 만나 얘기를 하고 나서 전화를 한 번 주세요"

나는 그녀의 제의를 받아들였다. 그런데 그 학생은 출석부에 이름은 있는데 본 적은 없었다. 그녀는 자기가 매우 바쁘니 본인이 전화할 때까지는 전화를 하지 말라고 했다. 어느 날 반에 모르는 학생이 앉아 있길래 "네가 김우혁이냐"고 물으니 "그렇다"고 했다. 우혁이와 면담을 하고 나서 엄마인 그녀를 남산 힐튼호텔에서 만났다. 그녀는 당시 M병원 산부인과 원장으로 명성이 자자했다. 그녀는 "우리 아들이 고등학교를 두 번 옮겼는데 검정고시 좀 합격시켜 주세요"라고 했다. 그러면서 아들을 대학만 보내주면 원하는 것은 다 해주겠다고 했다.

어머니에게 제안했다. 내가 지금 달동네에서 셋방살이를 하고 있는데 우리집 옆에 셋방을 하나 더 얻어 우혁이가 지낼 수 있도록 해달라고 했다. 그리고 나서 우혁이를 만났다. 누구에게나 혼자만의 힘으로는 헤쳐 나갈 수 없는 인생의 사각지대 같은 것이 존재한다. 학생에게는 공부가 그렇다. 나는 우혁이에게 검정고시에 합격할 수 있도록 해줄 테니 나와 함께 학원에 가서 공부하고, 빈 시간은 독서실에서 공부하다가 내가 퇴근할 때 같이 집으로 돌아올 수 있겠느냐고 물었다. 우혁이를 10번 정도 만나 설득한 후 합의할 수 있었다. 우혁이는 "심재봉 선생님을 믿고 학원에 빠지지 않고 나가겠다. 선생님이 시키는 대로 하겠다"고 약속했다.

우혁이는 실제로 우리 집 옆에 방을 얻어 나와 함께 학원에 다녔다. 학원 공부가 끝나면 도서관에서 공부를 하다가 나와 함께 집에 돌아왔다. 당시 우혁이는 광진구 광장동의 60평짜리 W아파트 두 개를 터서 살고 있었으니, 그로서도 쉬운 결정은 아니었을 것이다.

나는 8개월간 우혁이를 데리고 다니며 공부를 시켰다. 우혁이는 검정고시에 합격하고 당당하게 J대에 합격했다. M원장이 원하는 것을 말하라고 했다. 그러나 나는 고사했다. 그 당시 집사람이 많이 아팠다. 집사람이 중구 충무로 제일산부인과에 입원을 하고 있었는데 M원장이 퇴근하면서 그 병원에 들러 집사람을 살뜰하게 돌봐줬다.

집사람은 완쾌해서 퇴원했다. M원장은 퇴원하는 아내에게 더 아름답게 살라며 옷을 2벌이나 사주기도 했다. 좋은 인연은 마음에 남아 반짝이는 행복이 된다. 그때 내 월급이 학교 선생 6배 정도였다. 미아리 삼양동에서 1년 정도 살다가 송파구 잠실 시영아파트 13평짜리로 이사했다.

삶이라는 항해 속에서 남보다 먼 바다로 나가려면 내가 일으킨 파도를 타야 한다. 내가 수학 선생을 하면서 학생들 앞에서 당당했던 것은 선생이 교재연구를 열심히 하면 수학에 자신이 없는 학생들에게 문제를 조금 더 쉽게 푸는 방법을 알려줄 수 있기 때문이었다. 수학 문제 10개 중 6개 정도는 선생의 능력에 따라 쉽게 접근하는 방법을 알려줄 수 있다. 선생이 잠을 안 자고 교재연구를 하면 가능하다. 제일고시학원에 있던 7명의 수학 선생에게 나는 엄청난 시기와 질투를 받았다. 학생들이 내 수업만 들으려고 했기 때문이다. 나는 무언가 불편한 것이 있을 때 오히려 삶의 원동력을 얻는 스타일이다.

2부 집념으로 이룬 대강사大講師의 꿈

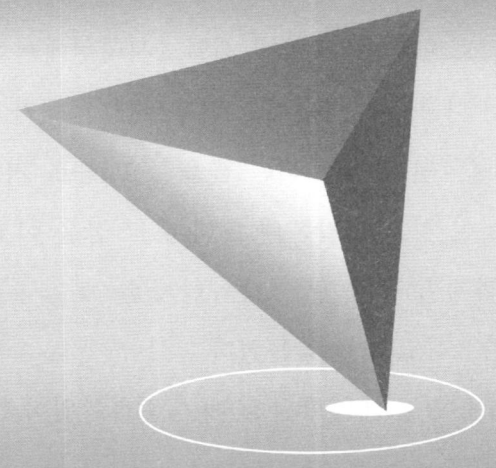

1. 경기학원에서 대형학원 강사의 꿈을 이루다

대형학원 20개가 사대문 안에 몰려 있으면서 소리 없는 전쟁을 벌이고 있었다. 그런데 정부에서 학원들에게 사대문 밖으로 옮기라고 명령했다. 경기학원은 종로구 낙원동에서 성북구 삼선교로 이전했다. 그때 제일고시학원에서 인기 강사로 주목받던 나를 경기학원이 스카우트했다. 내가 처음 서울에 와서 대형학원 강사가 되는 꿈을 갖고 종로 거리를 어슬렁거렸던 것이 엊그제 같은데 드디어 그 꿈을 이루게 된 것이다. 여기까지 달려오면서 나는 '한계'와 '불가능'이라는 단어를 뛰어넘으려고 이를 악물었다.

서울 시내에 있는 대형학원 20개는 종합학원이 10개, 단과

학원이 10개였다. 당시 경기학원은 종합학원으로 원장은 유 OO 씨였다. 경기학원에서 처음 면담하던 날 유 원장은 내게 "우리 학원 수학 선생이 20명인데 그중에서 강의를 제일 잘 하는 강사가 되었으면 좋겠다"고 덕담 겸 격려를 해줬다. 내가 원장에게 "1등을 하면 돈을 더 많이 줍니까"라고 물었더니 "그렇다"고 했다. 당시는 강사료를 정해놓지 않고, 등급별로 달리 지급했다. 종합학원은 강사들을 A, B, C등급으로 나눠 강사료를 책정했다. 종합학원은 낮에는 재수생, 저녁에는 재학생들이 수강했다.

유 원장이 나를 교무실로 데려가 다른 강사들에게 소개했는데 100여 명이나 되었다. 얼굴을 보니 반가운 표정들이 아니었다. 검정고시 학원도 경쟁이 심하지만 그곳과는 비교가 안 될 정도로 치열한 경쟁사회라는 것을 실감할 수 있었다. 학원 강사들은 자리를 보전하기 위해 경쟁할 수밖에 없다. 강사로 들어오려고 하는 사람은 많은데 자리는 한정되어 있으니 능력 없는 사람들은 밀려나게 마련이다. 그런 일을 당하지 않으려면 치열하게 경쟁할 수밖에 없는 것이 학원가의 냉혹한 현실이었다.

유 원장의 소개로 강사들을 만나고 온 날 밤, 걱정이 되어

잠이 오지 않았다. 나는 종합학원으로 가려고 제일고시학원에서 모든 열정을 쏟아부었던 현실을 기억하며, 그것은 내 강의가 소문이 나야 대형학원이 픽업해 줄 것이기 때문이었다. 내가 열정적으로 지도하면 학생들 성적이 쑥쑥 오르는 것도 커다란 기쁨이었다.

현장에서 만난 강사들은 동료라기보다 자기 밥그릇을 챙기느라 서로 경계하는 눈치가 만만치 않았다. 한솥밥을 먹는 강사들의 냉담한 시선과 소문난 1등 강사가 되면 좋겠다는 원장님의 말씀이 뇌리에서 떠나지 않았다. 이 냉혹한 경쟁사회에서 어떻게 살아남을 것인가. 고민과 다짐을 하며 뜬눈으로 밤을 세웠다.

수강생 120명을 지각·결석 없도록 만든 방법을 연구하다

학원에도 담임제가 있었다. 2월 초 개강을 하면서 나도 담임을 맡았다. 원장님이 내게 어떤 반 담임을 맡으면 좋겠느냐고 물어서 중간반 정도가 좋겠다고 했다. 50개 반 중 40등 수준의 반을 맡았다.

재수생 수업은 처음이라 학생들과 기싸움부터 시작했다. 나는 재수생과 삼수생들에게 "이 학원에 왜 왔느냐"고 물었다. 학생들은 당연히 "대학에 가려고 왔다"고 했다. 나는 "이 시간부터 심재봉 선생의 말을 100% 따르라"고 했다. 내 말을 듣고 싶지 않다면 다른 반으로 보내 줄 테니 말하라고 하며 조사지를 나눠주었다. 다른 학생들은 다 냈는데 서너 명 정도가 내지 않았다. 내가 "왜 안 내느냐"고 물었더니 "선생님을 어떻게 믿느냐"고 했다. "왜 이 학원을 선택했느냐"고 물었더니 "학원 이름을 보고 왔다"는 학생이 대부분이었다. "학원 이름을 보고 왔으면 나를 믿어야 하지 않느냐"고 했더니 아무 대답이 없었다.

그 학생들은 교무부장에게 말해 다른 반에 넘겨주었다. 교무부장은 학생들을 달래면서 수업해야 한다고 했지만 나는 과감하게 거절했다. 내가 최선을 다해서 가르치는데 이를 인정하지 않는 학생이 있다면 면학분위기를 흐린다. 그러면 교육효과를 얻을 수 없으니 대를 위해 소를 희생시킬 수 밖에 없다고 했다.

그때 한 반이 120명 정도였다. 학생들 이름 외우기도 힘들었다. 오전 9시부터 수업했는데 수업 30분 전에 갔더니 학생들이 몇 명 없었다. 1주일을 지켜보았더니 학생들 50%가 지각했다. 종례 시간에 "나는 너희들 '대학 보내기 운동'을 하고 너희들은 '대학 가기 운동'을 하자"고 말했다. 그러기 위해서 몇 가지 약속을 하자고 했다.

첫째, 오전 8시까지 등교할 것. 지각하면 1분에 한 대씩 때리겠다.
둘째. 다른 과목의 선생님에게 지적받는 학생은 다른 반으로 보내겠다.

약속 후 첫날 오전 8시 20분에 가보니 지각이 50%였다. 늦은 학생들을 때리자 학원에 난리가 났다. 그러나 2주가 지나자 지각도 없고 떠드는 학생도 사라졌다. 숙제를 안 해오는 학생도 없었다. 나는 3수생에게 반장을 시켰다. 반장은 아침에 학원에 오면 인사 대신에 "우리는 대학 간다"고 외쳤다. 내 담임반의 면학 분위기가 소문이 퍼지면서 다른 선생들도 따라 하려 했다. 그러나 되지 않았다. 저녁에 오는 재학생들도 똑같은 교육철학으로 가르쳤다. 재학생들은 일주일에 3번쯤 학원에 온다.

보충수업, 사흘 만에 1착으로 마감되어
동료들 견제에 스트레스

개강하고 3개월 후인 5월 경이었다. 재수생이 수업을 마치면 오후 3시 반이 되었다. 수업을 마치면 학생들은 집에 가거나 학원 내 독서실에 남아서 공부했다. 개강 후 3개월이 지나면 재수생 중 실력이 부족한 학생들은 보충수업반에서 공부할 수 있었다. 보충수업은 단과학원 개념으로 진행하기 때문에 수강 신청을 해야 한다. 수학 선생 20명 중 6, 7명만이 개강할 수 있었다. 나머지 선생은 신청 학생이 없어 강의를 하고 싶어도 할 수가 없었다. 내 강의는 사흘 만에 마감했다. 일착 마감이었다.

수학 선생 중 M선생이 집요하게 나를 경계했다. 그 선생은 학원가에서는 나보다 훨씬 선배였다. 그의 견제에 나는 스트레스를 많이 받았다. 학원에 출근하면 줄곧 학생들과 지내느라 동료 강사와 대화를 못 한 것도 하나의 원인이었을 것이다.

동료들의 견제에 시달릴 때 강 모 선생(영어)의 격려가 있어 버틸 수가 있었다. 그는 김OO 아나운서와 경기고 동창이었는데 마음이 온화한 사람이었다. 강사들로부터 집중적으로 견제를 받는 나를 늘 격려해 주었다.

동료 선생들 인기 많은 나를 쫓아내라며 수업 거부까지

강사들은 나를 견제하다 안 되니까 들어온 지 8개월밖에 안 된 나를 쫓아내려고 모의했다. 나를 뺀 수학 강사 20명 전원이 수업을 보이콧하면서 나를 쫓아내라고 데모를 한 것이다. 그들은 보충수업에 심재봉 선생에게만 학생들이 몰리는 것과 학생들을 오전 8시까지 불러내 자습을 시키는 것을 문제 삼았다. 그것은 학원 방침이 아니지 않느냐고 따져 물었다.

부원장님이 나를 불렀다. 이 사태를 어떻게 해야 하는지 물었다. 나는 "학원에서 알아서 해라. 학생들이 능력 없는 선생의 수업을 듣지 않겠다는 것인데, 이런 일이 벌어지면 본인들이 더 열심히 수업 연구를 해야지 나와 무슨 관계가 있나. 선생들이 이런 식이면 경기학원 망하는 것도 시간문제일 것 같다"고 했다. 부원장님은 "당신 말이 맞다"고 수긍했다. 나는 대꾸할 가치가 없어 수업에 들어가야 한다며 자리를 떴다.

수학 선생들은 결국 끼리끼리 뭉쳐 수업을 거부하기 시작했다. 그러나 원장님은 "내가 책임질 테니 지금처럼 열심히 수업을 해달라"고 주문했다. 이런 상황을 학생들도 알고 우리 반 재수생들이 주동이 되고 다른 반 학생들까지 동참해 수업을 거부하기 시작했다. 학생들에게 "심재봉 선생은 너희 반 수업에는 들어가지도 않는데 왜 그러느냐"고 물으니 "심재봉 선생님 같은 분이 있어야 한다"고 대답했다. 1주일 정도 선생들과 학생들의 팽팽한 줄다리기가 계속됐다. 50개 반 중 30개 반 이상이 수업을 거부했다. 내가 그만두겠다고 하고 이틀을 결근했다. 내가 담임을 맡고 있는 재수생반과 재학생반 모두 난리가 났다. 학생들은 "심재봉 선생님이 돌아오지 않으면 전부 그만두겠다"며 학원 측과 맞섰다.

학생들이 나서 "심재봉 선생 자르지 말라" 수업 거부 데모

학생들의 진학문제가 걸려있어 사흘 만에 출근해서 선생님들에게 1월 말까지만 근무하겠다고 약속했다. 임시 화해를 하면서, 대신 내 교육철학에 대해 왈가왈부하지 말아달라고 했다. 신입생들을 상담해 보면 100% 내 반에 넣어달라고 요청했다. 그래서 내가 강사료를 제일 많이 받았다.

1월 말 그만두기로 한 약속은 지키지 못했다. 다음 해의 학생 모집은 전년 12월 말부터 다음해 1월 말까지 받는다. 학생들이 등록하면서 심재봉 선생님 반으로 넣어달라는 요청이 쇄도했다. 그래서 학원 측은 나를 내보낼 수 없었다. 유 원장님은 오히려 나를 견제하는 수학 강사 5명을 내보내고 나를 경기학원에 그대로 있게 했다. 강사료도 A급 대우를 받았다.

그 후 1년 동안 경기학원을 위해 열심히 가르쳤다. 지금 생각하니 내가 젊었기 때문에 가능한 일이었다. 나는 학생들을 때려가면서 공부를 시켰다. 사랑의 매를 달게 받은 학생들은 모두 원하는 대학에 들어갔다. 그 소문 때문에 다른 학원으로 가려던 학생들도 나를 찾아와 학원에 등록했다. 나는 그 치열한 경쟁 속에서 2년을 근무하면서 스타강사의 반열에 올랐다.

원장이 1년만 더 도와주면 안 되겠느냐고 했지만 과감하게 뿌리치고 용산구 남영동의 단과학원인 대진학원으로 스카우트되어 자리를 옮겼다. 대진학원과 대일학원 중 선택을 하려는 내게 경기학원 유OO 원장님이 대진학원 강OO 원장님하고는 친구 사이라며 그쪽으로 가서 도와 줄 것을 권했다. 2년 동안 유 원장님에 대한 고마움과 미안한 마음이 더해져 대진학원으로 자리를 옮겼다.

가끔 인연이 닿았던 사람들을 그리움과 미움이 혼재한 감정으로 떠올릴 때가 있다. 우리 마음에 들어있는 감정을 칼로 자른다면 켜켜이 쌓인 다양한 단면들이 층을 이루며 드러나지 않을까 하고 생각해 본다.

2. 대진학원에서 대강사 반열에 오르며 EBS 강의도 했다

　사대문 밖 이전 명령으로 대진학원은 용산구 남영동, 대일학원은 용산구 서울역, 양지학원은 용산구 한강로3가, 대성학원은 동작구 노량진, 청산학원은 동대문구 청량리(1년 후 다시 신설동으로), 서울학원은 서대문구 충정로, 종로학원은 용산구 청파동으로 이전했다.

　보따리 장사처럼 학원을 옮겨 다니며 밥벌이를 하던 시절이었지만 나는 삶의 원칙을 누그러뜨리지 않고 소신껏 살았다. 그것이 소란스러운 세상에서 날 지키는 방법이었다. 옮겨 간 대진학원은 단과학원 중 중간 정도였다. 강OO 대진학원 원장님은 나를 대단한 수학 선생으로 알고 있다며 처음 만날 때부터 기를 세워주었다. 교무실에서 나를 소개하는데 선생이 120명 정도 되었다. 원장님은 선배 선생들 잘 모시고 열심히 하라고 주문했다. 학원가에는 선배 텃세가 심했다.

단과반은 학생 모집 한 달 전에 시간표를 만든다. 원장님을 만나기 전에 담당 부장이 시간표를 내라고 해서 제출했다. 선생들에게 희망과 정보를 받고 20일쯤 지나면 인쇄한 단과반 시간표가 나온다. 시간표가 나오면 학생들은 이것을 보고 수강신청과 접수를 한다. 수강등록은 20일부터 말일까지 10일간이다. 단과반은 90분 수업이었다. 학생들은 여러 학원을 돌아다니며 듣고 싶은 과목을 수강하며 공부한다.

내가 대진학원으로 옮긴 때가 2월이었다. 대부분의 선생은 90분짜리 수업 6개를 맡는다. 나는 7개를 넣어달라고 했다. 보통 악바리들만 그렇게 한다. 2월 새벽반 수업은 오전 6시에 시작했다(6시~7시 30분). 첫 수업에 학생이 2명 앉아 있었다. 남학생 1명, 여학생 1명이었다. 나는 두 사람의 주례를 서는 기분이었다. 그러나 200명을 가르치는 기분으로 열심히 강의하겠다고 했다. 아마 다른 선생 같으면 폐강을 시켰을 것이다.

다음 달인 3월에 새벽반 수업에 들어가니 학생 60명이 앉아 있었다. 2명이 60명으로 불어난 것이다. 나는 깜짝 놀랐다. 학생들에게 물어보니 2월에 내 수업을 들은 2명한테서 소개를 받은 학생이 20명이나 됐다. 나머지도 낮반과 저녁반 학생들의 소개를 받고 왔다고 했다.

내가 수학 시간에 남녀 학생의 '주례'를 선 덕분에 수강생이 크게 늘었는데, 4월에는 120명으로 늘어나도록 수업하겠다고 다짐했다. 4월에는 새벽반에 100명 이상이 접수했다. 동료 선생들도 놀랐다. 내가 맡은 7개 타임의 수강생이 총 750명쯤 되었다.

누가 무슨 말을 해도 나는 강의에만 전력투구했다. 어떤 바람이 휩쓸고 지나가면 마음에 균열이 생기기 때문에 불필요한 감정들은 배제하려고 노력했다. 대진학원에 온 지 일 년 정도가 지나고 나니 내가 맡은 7개 타임 중 4개 타임이 최대 정원인 200명으로 마감했다. 모든 강의는 수강신청자가 200명이 되면 마감한다. 옆자리 선생들의 눈이 휘둥그레졌다. 그럴수록 나는 더 노력하겠다는 신념으로 수업에 임했다. 수강생들도 철저하게 관리했다. 애쓴 것에 대한 보답이라고나 할까. 나에게도 교무실에 자리가 생겼다. 당시 신입 강사에 대한 대우는 형편없었다. 교무실이 비좁아 신입 선생들에게는 책상조차 주지 않았다.

구두에 술 따라 주며 마시라고 강요하던 신고식

내가 대진학원에 오고 얼마 지나지 않아 학원 측에서 선생 20명에게 회식을 시켜주었다. 신입인 나는 도마 위에 올려진 생선 꼴이었다. 어떤 선생이 나보고 옆자리로 오라고 하더니 구두에 소주를 따라 주며 마시라고 했다. 나는 50초쯤 고민했다. 그러나 그 집단에서 살아남으려면 마셔야만 했다. 끝난 줄 알았는데 한 선생이 "왼발을 마셨으면 오른발도 마셔야 한다"며 다시 술을 따랐다. 심한 모욕감을 느꼈지만 참고 마셨다. 그날 구겨져 버린 자존심은 언젠가 다시 펼 날이 있을 것이라는 각오를 하며 마음속으로 칼을 갈았다.

단과반 선생들은 수업 사이 틈이 날 때 30분도 쉬고 1시간도 쉰다. 신입 선생들은 다방에 가서 차를 마시거나 책을 보기도 했다. 이해할 수 없는 질서들이 때로는 스트레스를 주기도 했다. 내가 학생 50명을 놓고 수업을 하는데 건너편 교실에서는 200명 마감 선생이 수업을 하고 있었다. 여름철에

다 과밀 교실인데도 에어콘 시설은 부실했다. 교실 안의 열기 때문에 창문을 열고 수업을 하면 커다란 마이크 소리에 수업을 하기 어려웠다. 그런 상황에서 신참 선생들이 고참 선생들의 마이크 사용에 대해 이의를 제기하면 얼간이 취급을 당했다. 최 모 선생과 김 모 선생이 수업을 방해하기로 유명했다. 화가 나서 마음으로는 수용할 수 없었지만 정면으로 맞설 수가 없었다. 나는 입사 후 6개월까지는 다른 선생들로부터 많은 수난을 겪었다.

3. 대강사의 수업을 직접 수강하며 노하우 배워 내 것으로 만들다

　대진학원에서 근무한 지 5개월이 되었을 때 수학의 대가 임OO 선생을 만났다. 그 선생님은 지금 서하남 입구에 있는 서문교회 장로님으로 계신다고 알고 있다. 내가 평생 잊지 않을 테니 수강증을 끊고 강의를 듣고 싶다고 했다. 그러나 한마디로 "노"였다. 3번이나 간청하니 허락했다. '대강사'의 수업은 듣는 것은 쉽지 않고 남에게 청강을 허락하는 경우도 없었다. 나는 200명 학생 중 한 명으로 그의 수업을 들었다. 내 강의를 듣는 수강생들이 나를 알아보고 박수를 쳤다. 내가 정말로 강의를 잘하고 싶어 하는 선생이라는 것을 이해했기 때문이다.

임 선생 강의를 한 달 들으니 나보다 못하는 것 같았다. 두 달을 들으니 감이 왔다. 3개월을 들으니 대강사 자격이 있다고 느꼈다. 4개월 수강을 듣고 그때 배운 것의 80%를 내 강의에 활용했다.

학생들 사이에서 수학 심재봉 선생의 소문이 나기 시작했다. 단과반 학원 선생이 되고 나서 9개월이 지나면서 200명 마감이 터지기 시작했다. 하늘을 날아가는 느낌이었다. 10개월 지나니까 나를 대강사 반열에 끼워주었다. 대강사가 되니 책상도 생기고 회식 자리에도 낄 수 있었다.

그때 김OO 수학 선생을 만났다. 그는 강남에 교연학원을 설립한 사람이다. 나는 대진학원에서 김OO 수학 선생, 박OO 영어 선생과 친하게 지냈다. 학원에서 바쁘게 생활하며 사람들과 관계 맺기가 힘들었을 때 참 좋은 인연을 만난 것이다. 국어 김OO, 국사 안OO, 영어 송OO 선생과의 인연도 소중하다. 이분들 모두 대강사였다.

특히 김OO 선생과 안OO 선생은 고향이 광주였는데 영남 사람인 나를 많이 도와줬다. 그들이 나를 챙겨준 것은, 별로 말이 없고 듣는 쪽이었기 때문이 아닐까 싶다. 우리는 서로 학생들을 추천해 주기도 했다. 200명으로 마감하면 서서 청강하는 학생들도 있었다. 다른 선생들도 수학 수강신청에 머뭇거리는 학생들이 있으면 심재봉 선생 강의를 들어보라고 권유했다. 교실은 학생이나 선생 모두 살아남기 위한 전쟁터였다.

EBS 방송 강의도 했다

EBS(교육방송)가 생긴 지 2년 정도 되었을 때다. 강의 대부분을 학원 선생들이 했다. 대강사가 아니면 EBS 수업을 할 수 없었다. 대진학원에 간 지 1년 정도 지나서 EBS 강의를 했다. 방송은 일요일에 별도로 녹화하기도 하고 평상시 내 수업을 녹화해서 방영하기도 했다. EBS 방송 강의를 하니까 학원으로 청탁이 들어오기 시작했다. 그 인연으로 한 두건의 개인 과외를 했는데 이름을 대면 알만한 집 자손들이었다. 돈은 원하는 대로 줄 테니 과외를 해달라는 요청을 뿌리칠 수 없었다. 과외 수업은 일요일 새벽이나 저녁에 했다.

일요일 낮에는 내 수강생들에게 어려운 파트를 무료로 강의해 주었다. 점점 수강생들이 몰려, 등록 기간 10일 중 하루

이틀이 지나면 마감됐다. 그때 내 삶의 모든 것을 학원에 올 인했다. 학원 선생의 자리는 더 이상 낯설지 않았고, 삶은 내가 원하는 방향으로 굴러갔다. 하나하나 진척되니까 자부심도 생겼다. 그러나 가족들은 불만이 쌓였을 것이다. 시간적, 심리적 여유가 없어 내 자녀들과 함께 놀아주지도 못했다. 내가 방치한 자녀들이 혼자 크는 나무처럼 쑥쑥 자라버려 늘 미안한 마음이었다.

나는 3시간 정도만 자면서 교재를 연구하고 강의 연습도 했다. 선생들은 칠판에 판서할 때 대부분 오른손으로 쓴다. 나는 구석에 앉은 학생들을 위해 왼손으로 쓰는 것을 연습해서 왼손과 오른손을 번갈아 가며 판서를 해 학생들이 집중하도록 했다. 수업 때마다 학생들에게 "지금은 어렵겠지만 최선을 다해 원하는 대학에 꼭 가라"고 당부하곤 했다.

학원 선생은 최고가 되겠다고 맘을 먹지 않으면 어려운 일 터다. 늘 연구하는 나를 보고 동료들은 지독하다고 했다. 그런 와중에도 가끔은 다방에 가서 졸기도 하고 사우나에서 피로를 풀기도 했다. 30여 분 휴식하고 오후 수업에 들어갔다.

내가 수업하고 있을 때 잡담하는 학생이 있으면 나는 때리며 가르쳤다. 잡담하는 학생들은 수강증을 담당 직원(흑판 지우는 학생)에게 주어 환불을 해오라고 해서 돌려보내기도 했다. 그 후 내 수업을 듣는 학생은 잡담을 하지 않았다. 나는 수업을 알리는 종이 울리면 바로 교실에 들어갔고, 학생들이 잡담을 하면 수업을 하지 않았다. 다른 교실은 수업 전에 난장판이었지만 내 수업을 들으려는 학생들은 조용히 앉아 나를 기다렸다. 면학분위기를 조성하고 있는 학생들을 보면 나는 열강을 할 수 있었다. 내 담임반의 모습을 다른 선생님들은 많이 부러워했다.

내가 철저하게 생활 질서를 유지하려는 것은 중학교 다닐 때부터 갖게 된 습관이다. 최고가 되기 위해서는 남과 달라야 한다는 사고가 만든 질서다. 되돌아보니 나는 중학생 때부터 고집이 세서 융통성이 없는 편이었다. 장점인지 단점인지 모르겠지만 중학생 때부터 반에서 1등을 놓치면 잠을 자지 못했다. 그리고 학원에서 내 강의가 200명이 모두 차서 마감되지 못하면 잠이 오지 않았다. 살아남으려면 나 스스로 강해져야 한다는 생각이 지금의 나를 만들었다고 생각한다.

4. 청산학원 시절 전타임 마감 강사로 스타강사의 자리 굳히다

계단에서 허리 다쳐 칠판 붙들고 악착같이 강의

　청산학원에서 한 모 원장님을 만났다. 청산학원은 종로에서 사대문 밖으로 나가라는 지시에 따라 동대문구 청량리로 이전했다가 나중에 동대문구 신설동에 대형 건물을 마련해 다시 옮겼다. 이전을 하면서 유명한 선생들을 많이 스카우트했다. 그때 스카우트한 선생은 영어 송OO, 국어 이OO, 국어 허OO 선생 등이었는데, 나도 그 대열에 끼었다. 그때 선금을 받고 청산학원으로 자리를 옮겼다. 영어 엄OO 선생, 국어 노OO 선생, 국사 조OO 선생은 청산학원에 오랫동안 뿌리를 내리고 있었다.

청산학원 한 원장님은 스카우트한 선생들에게 기대가 컸다. 나는 청산학원에 가서 5개월 만에 모든 강의가 정원을 채우는 전 타임 마감 강사가 되었다. 그때 전 타임 마감 강사는 10명 정도였다.

신설동에 청산학원이 들어서면서 지역 문화도 달라졌다. 낮에는 재수생, 저녁에는 재학생들이 구름떼처럼 몰려다녔다. 한 반을 200명으로 잘랐다. 한 선생이 6타임 강의를 했다. 내 강의를 듣는 학생이 1,200명 정도였다. 나는 강사료로 A급 대우를 받았다.

많은 사람이 이동할 때는 사람도 무기가 된다. 마지막 수업을 마치고 2층에서 내려오는데 계단을 빽빽하게 메우고 내려오는 학생들에게 밀려 넘어졌다. 그때 허리를 다쳐 많이 고생했다. 출근하면 학생들이 부축해서 강의실로 안내하기를 3개월. 나는 허리가 아파 똑바로 설 수조차 없어 칠판을 붙들고 강의했다. 한 손으로 칠판을 잡고 한 손으로 판서를 하면서, 마이크는 호주머니에 넣고 강의했다.

6월경은 입시가 얼마 남지 않아 학생들 마음도 조급할 때다. 단과학원은 매달 1일이면 수강생이 바뀐다. 오후 2시 타임에 들어갔는데 50% 정도가 바뀌어 있었다. 내 수업 중에서도 바뀐 파트만 듣기 위해 오는 학생들도 있었다. "내가 최선을 다할 테니 수강생 여러분도 내 지시와 강의를 최선을 다해 들어 달라. 잡담은 금지하고 옆 사람도 보지 말고 흑판만 봐라. 그것이 싫으면 내 수업은 들을 수 없다"고 목청을 높였다.

학생마다 단과 과목별로 시간을 짜서 강의를 들었다. 학생 중 한두 명은 내 강의 지시를 따르지 못하고 떠났다. 강의하러 교실에 들어갈 때 보면 다른 교실은 도떼기시장 같은데, 내가 강의하는 교실의 학생들은 조용히 나를 기다렸다. 나는 학생들을 엄하게 다루는 선생님이었다. 학생이 공부할 자세가 돼야 나도 열심히 가르치겠다는 주의였다.

예전 학원에서는 월요일부터 토요일까지 수업했다. 일요일에는 보충수업으로 과목별 특강을 개설했다. 나는 학생들이 어려워하는 파트를 특강을 통해 가르쳤다. 확률, 통계, 미적분 같은 것이다. 특강은 내 수강생이 아니라도 들을 수 있었다. 나는 일찍 오는 순서대로 들여보냈다. 내 수업을 들으려는 학생들은 2시간 정도 공부를 하며 조용히 기다렸다.

마지막 수업은 저녁 8시 30분에 시작해서 밤 10시에 끝난다. 그 수업의 수강생은 재학생 50%, 직장인 50%였다. 당시는 대학이 지금의 반밖에 없어서 대학에 가려면 경쟁이 아주 심했다. 마지막 수업이 끝나면 상담하려는 학생들이 몰려왔다. 가끔 직장인들과 가졌던 맥주 타임은 지금도 생각난다.

나만의 노하우로 만든 대학배치표로 유명세

수능이 끝나고 대학 배치 상담을 많이 했다. 단과학원에는 대학 배치 상담을 할 수 있는 능력 있는 선생이 별로 없었다. 대학 배치 상담을 할 때 나는 3일간 휴강을 하고 아침부터 밤 11시까지 줄을 선 학생들을 상담했다. 그때는 점심 먹을 시간도 없었다.

배치 상담은 청산학원 심재봉 선생이 유명했다. 나와 상담하면 대학 합격률이 높아 인기가 있었다. 내가 결정해 주는 대로 따르는 학생들도 많았다. 입시철이 되면 고3 담임들은 일주일 정도 회의를 한다. 내가 배치 상담을 잘하게 된 것은 학교에서 배치 상담을 잘하는 선생님들의 자료와 진학사가 발행하는 『진학』, 중앙교육진흥연구소가 발행하는 『수험생활』 등을 참고해 나만의 자료를 만들었기 때문이다. 그 자료를 만들려면 1주일 정도를 투자해야 했다. 그때는 복수지원이 없고 한 번에 끝나는 입시제도였다. 상담받은 학생들은 학교 선생보다 나를 더 신뢰했다.

청산학원에는 원로그룹 선생들이 있었다. 그들은 수업시간도 잊고 화투치기를 일삼았다. 그런 선생의 수업은 학생 수가 점점 줄었다. 나는 그들의 모습이 보기 싫어 화투판을 없앴다. 욕을 많이 얻어먹었지만 그들이 강의에 집중하길 원했다. 나는 40대였고 그들은 60대였다. 열심히 가르치는 교무실 분위기를 만들려고 노력했으나 쉽게 바뀌지 않았다.

여름에는 5일 정도 방학이 있어 쉬었다. 노는 것에 익숙하지 않은 우리는 휴가도 제대로 즐길 줄 몰랐다. 양질의 힐링을 찾기 위해 엄OO, 노OO, 조OO 선생과 함께 경북 울진의 백암온천으로 놀러 간 적이 있다. 현실과 이상 사이를 오가며 균형을 잡고 사는 우리는 의기투합해서 호텔 안에 있는 빠징코를 하러 갔다. 배팅을 해본 적도, 할 줄도 모르는 사람들인지라 순식간에 돈을 다 잃고 말았다. 엄 선생이 갖고 있는 마지막 돈을 베팅했다. 그 돈마저 잃으면 걸어서 서울로 돌아가야 할 판이었다. 그때 30만 원이 터졌다. 그것을 교통비 삼아 서울로 돌아왔던 기억은 이제 아스라한 추억이 되었다.

학원 선생들이 월급을 받는 날이면 학원 앞은 돈을 받으러 오는 사람들로 북적였다. 나는 봉투째 집사람에게 갖다줬다. 학원에서는 한 달에 두 번 결산한다. 엄○○ 선생, 심재봉 선생이 성실하다는 인정을 받았다. 나는 학생들에게 성실하라고 가르쳤는데, 그 주문이 나를 만든 모티베이션이기도 했다.

 학원가를 주름잡던 강사들의 모임이 있다. '한맘회'라고 하는데 수학 홍○○ 선생을 비롯해 원로 학원 원장과 원로 선생들이 회원이다. 일 년에 두세 번씩 모이는데 내가 학원 1세대의 막내 그룹이다. 회원은 100명 정도 된다.

3부 박수 받으며 학원 경영자의 길로

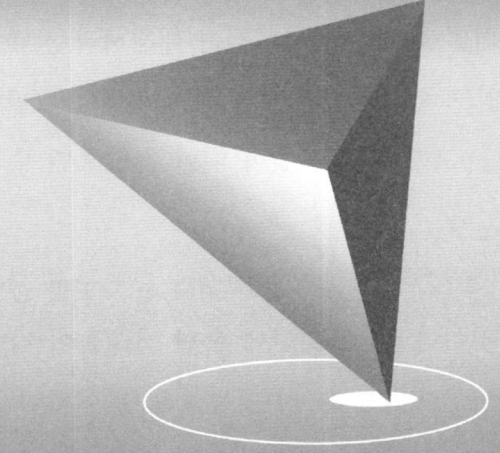

1. 아이템 2000 학원으로 심재봉 선생을 찾아 학생들이 몰려오다

세월은 우리를 근엄하게 내려다보며 흘러간다. 나는 시간의 바깥쪽으로 내몰리지 않으려고 애썼다. 나는 오래전부터 40살이 되면 학원 주인이 되겠다는 생각을 하며 살았다. 40살 가까이 되었을 때 학원가에서는 대강사라는 대우를 받고 있었다. 수입도 좋고 학생들에게 인기도 있어 그만두자니 고민이 되었다. 그러나 꿈을 찾아 떠나지 않으면 주저앉아 버릴 것만 같았다.

나는 용기를 냈다. 청산학원 선생을 그만두고 학원을 오픈하기로 한 것이다. 나의 결단에 주변 선생들이 박수를 보냈다. 주로 선배들이었는데 "너는 성공할 것"이라며 격려를 아끼지 않았다. 반면 청산학원은 만류했다. 그러나 나는 아끼는 사람들의 박수를 받으며 거친 바다 한가운데로 뛰어들었다. 내 나이 서른아홉 살, 한 학기를 마무리하는 12월에 청산학원에 사표를 던졌다. 수능시험을 잘 봤다는 학생들 300여 명이 학원 앞에 몰려와 박수를 치며 응원해 줬다.

  서초구 양재동에 아이템 2000이라는 학원 문을 열었다. 2000년을 연상시켜 새로운 개념의 학원이라는 이미지를 강조하기 위한 이름이었다. 건물 전체를 임대해 교실로 꾸몄다. 어디서 소문을 들었는지 재학생들이 심재봉 선생을 찾아 구름떼처럼 몰려들었다. 방학기간이라 흥행효과도 있었다. 2월에야 개원하는데 학생들이 몰려들어 자리가 비어야 들어올 정도였다. 여러 학원에서 강사 30여 명을 스카우트해 단과식으로 운영했다. 강의를 부탁했을 때 내 이름 덕분인지 거부하는 선생이 없었고 나와 인연 맺기를 원했다. 나도 열정적으로 수업했다.

지금도 이해할 수 없는 고액 불법과외로 몰고 간
KBS와 MBC 고발

학원을 개원하고 8개월쯤 되었을 때였다. 하루는 강의를 준비하고 있는데 한 학생이 뛰어 들어와 KBS에서 취재를 나왔다고 전했다. 서울교육청의 K라는 직원이 KBS 기자를 대동하고 우리 학원에 온 것이다. "수강료를 많이 받아 문제가 있다"는 내용이었다. 나는 공무원의 어이없는 행동에 화를 내며 언쟁을 벌였다.

그날은 수업을 제대로 할 수 없었다. KBS는 마음대로 촬영해 이튿날 방송에 내보냈다. "심재봉 선생의 불법 고액과외 현장"이라는 자막이 떴다. 하루 종일 자막으로 나오다가 저녁 7시에 본방으로 나갔다. 아이템 2000 학원은 일반 단과학원의 5배 정도의 수강료를 받았다. 한 반 정원이 50명이기 때문에 200명을 받는 학원보다 수강료가 비쌀 수밖에 없었다.

내가 수업하는 장면, 학생들이 우르르 몰려드는 장면 등을 찍어 진짜 고액과외 현장처럼 포장해서 방송했다. 그런 일이 있고 나서도 3개월 정도 열심히 수업했다. 이번에는 MBC '카메라초점'에서 나왔다. 그때 PD가 나쁘게 방송하지 않을 테니 촬영할 수 있도록 해달라고 요청했다. 그러나 MBC도

똑같이 "심재봉 선생의 불법과외 현장"이라는 타이틀로 저녁 7시에 방송했다. 그때 나는 학원 문을 계속 열어야 할지를 고민하다 이틀간 휴강했다. 그랬더니 학생과 학부모들이 두 방송사에 항의했다. 불법 강의가 아니라며 내 편을 들어줬다.

감사원의 감사를 받으며 내 인생을 건 첫 학원 문을 닫다

나는 강의를 계속했다. 서울 양재동은 강남교육청 관할이다. 강남교육청에서도 2번 조사를 나왔다. 실태조사를 하는 와중에 감사원에서 강남교육청으로 감사를 나와 감사반이 나를 조사하기 시작했다. 나는 조사를 거부하며 항의했다. 감사원 감사관은 원래 민간인 조사를 못 한다. 감사원이 KBS, MBC의 압력을 받고 나온 것이다. MBC의 '카메라초점' 기자가 찾아왔다. 그는 나에게 해장국을 사주면서 제보가 빗발쳐 할 수 없이 촬영하고 방송을 했는데 개인적으로는 미안하다고 했다.

서울교육청 K의 행동은 총칼로 사람을 죽이는 것과 다름이 없었다. 제보를 받았을 때 자신이 먼저 알아보지도 않고 방송국 기자를 대동하고 나온 것은 커다란 잘못이었다. 내가 처음으로 인생의 모든 것을 걸고 개원한 학원은 그렇게 싹이 잘려버렸다. 한 공무원의 분별 없는 행동이 내 삶을 송두리째 뽑아 버린 셈이다. 그의 의도가 어떤 것이었는지 모르지만 지혜롭지 못한 공무원은 선량한 사람을 분노하게 만든다. 공무원을 행정의 꽃인 동시에, 작은 실수도 허용할 수 없는 자리라고 생각한다.

당시 강남교육청 직원들은 우리 학원 때문에 감사원 감사를 받으면서도 나를 위로하고 격려했다. 그 당시 강남교육청에 있던 김OO이라는 직원을 기억한다. 그는 나중에 송파의 한 고등학교 행정실장으로 부임했다. 나는 김OO 실장과 친하게 지내며 행정적으로 많은 도움을 받았다. 교육계에 K와 같은 사람도 있지만 김 실장처럼 좋은 방향을 제시해 주는 사람도 있다.

결국 아이템 2000 학원은 개원한 지 1년 만에 문을 닫았다. 많은 재산을 잃은 것은 적게 잃은 것이고 내 꿈을 꺾인 것은 큰 손실이었다. 나의 인생 진로에 장애물이었던 공무원은 지금도 악연으로 남아 있다. 짧기만 한 인생에서 접어야 할 것은 빨리 접어야 한다. 그래야 또 다른 삶을 시작할 수 있다. 아이템 2000 학원에 초빙했던 선생들은 다른 학원에 소개해줬기 때문에 직장을 잃은 사람은 없었다.

쉬고 있는 나에게 고액과외 청탁이 줄줄이

아이템 2000 학원을 닫고 2개월 정도 쉬고 있을 때였다. 고액과외 청탁이 줄을 이었다. 나는 성격상 놀 수가 없는 사람이다. 밀려드는 과외를 하면서 다른 꿈을 꾸었다. 선생은 무조건 노력하고 교재연구를 하면 A급 강사가 될 수 있다. 학생들도 열심히 노력하면 최고가 될 수 있다. 그런 것을 아이템 2000 학원을 하면서 확신했다. 결국 문을 닫았지만 많은 것을 배웠고 사업에 자신감도 붙었다.

그때 선생 한 분이 여행을 갔다 오라고 했다. 사람은 자신에게 가장 훌륭한 존재가 될 때 행복은 덤으로 따라오는 것이다. 머리도 식힐 겸 충남 부여의 백마강 쪽으로 길을 떠났다. 그 지역에는 귀한 음식 웅어회가 있었다. 모처럼 가족끼리 여행을 가서 몸도 마음도 힐링하는 시간을 가졌다. 무거운 마음은 내려놓고 가족들과 함께 지내니 편안하고 행복했다. 서울학원과 청산학원에서 초빙 제의가 계속 들어왔지만 고액과외를 하면서 시간을 보냈다. 3개월 정도 주변을 정리하고 재수생 합숙학원인 제일연세학원의 오픈을 계획했다.

2. 다시 도전하여 제일연세기숙학원을 개원하다

SBS의 트집잡기식 보도에 오히려 문의 빗발

서초구 양재동에 오픈한 아이템 2000 학원을 닫으려니 아깝기도 하고 분하기도 했지만 정리했다. 살면서 실패를 겪지 않는 사람은 없다. 실패의 쓰라린 경험으로 더 단단해진 나는 경기도 성남시에 재수생을 위한 종합기숙학원을 오픈하기로 했다. 당시는 기숙학원들이 우후죽순으로 생겨나기 시작할 때였다.

1992년 대입정보 자료집을 참고해서 기숙학원인 제일연세학원을 오픈했다. 명문대 '연세'를 넣어 목표 의식을 강조한 이름이었다. 학생모집 광고를 냈는데 학생들이 줄을 섰다. 문의 전화가 빗발쳐 선금 100만 원을 받고 일주일 후에 상담한다고 했는데도 3일 만에 마감되었다.

학생이 상담하러 올 때 어머니, 아버지와 함께 오는 경우가 많았다. 절반은 지방 학생들, 절반은 서울 학생들이었다. 한 달에 한 번 2박 3일 외박을 보내주었다. 외박을 보내주는 주週는 목요일까지 공부하고 금, 토 외박한 뒤 일요일에 돌아왔다.

입시가 임박한 3개월 전부터는 외박을 없앴다. 그렇게 하겠다고 부모님에게 각서를 받았다. 우선 원생들이 받은 수능 점수로 반을 편성했다. 그러나 학원에 들어오면 자체 시험을 통해 반 편성을 다시 했다. 전임 선생은 30명이고, 나머지는 시간 강사를 모셨는데 학원가에서 유명한 선생들을 많이 데려왔다.

학생 모집이 끝나고 학원으로 이송하기 위해 양재역에 차량 10대를 배치했다. 그때 난데없이 SBS에서 취재를 나왔다. SBS가 개국한 지 일 년쯤 되었을 때다. 학원까지 와서 촬영을 했다. 10분 동안 제일연세학원을 비판적으로 방영했다. 이 방송이 계기가 되어 나는 성남경찰서에서 조사를 받았다(영장까지 청구했으나 결국은 그냥 풀려났다). 그때 학생이 300명쯤 되었다. 내가 경찰서에 드나드느라 수업을 못하니 학생들이 성남경찰서 앞에 가서 항의 데모를 했다. 우리가 원해서 공부하러 왔는데 왜 공부를 못 하게 하느냐며 학생들은 격렬하게 문제를 삼았다.

담당 PD가 사과했지만 SBS는 예전 KBS, MBC가 방영한 불법 고액과외 '전력'까지 물고 늘어졌다. SBS 방송이 나가고 나서 오히려 재수생들의 문의 전화가 빗발쳤다. 다른 학원은 학생을 채우지 못했지만, 우리 학원은 만원이라 더 이상 받아줄 수가 없었다.

새벽마다 신선한 음식 재료 구하러 아내와 가락시장으로

아내와 나는 기숙사 학생들을 위해 아침마다 가락시장에 가서 야채를 사 오곤 했다. 먹거리부터 자식들에게 먹이듯 헌신적으로 준비했다. 매일 새벽 5시에 가락시장에 가는 것은 쉬운 일이 아니었다. 우리 부부가 열심히 하는 것을 보고 야채가게 사장님은 "선생님은 천당 갈 테니 교회도 가지 말라"고 했다.

학생들은 6시에 기상했다. 나는 매일 아침 학생들과 조깅했다. 당시 내 나이 42살이었다. 정규 수업은 오전 9시부터 시작했지만, 오전 8시에 수학 특강을 했다. 24시간 학생들과 함께했다. 일요일은 학부모들이 면회를 오는 날이었다. 나는 일요일에는 외출을 삼가고 꼭 학원에 대기했다. 학부모 중에는 봉투를 주면서 학생들 간식비로 써 달라는 사람도 있었다.

당시 경기도 일원에는 성남대성학원, 고시원 아카데미, 진성기숙원 등 13개 정도의 기숙학원이 있었다. 다른 학원은 정원에 미달했는데 제일연세학원은 300명이 꽉 찼다. 시설은 다른 학원에 비해 별로 안 좋았다. 수업은 저녁 5시에 끝났다. 학생들은 잠깐 쉬고 저녁 먹은 후 특강을 받았다. 수학 특강은 다 내가 맡았다. 힘들었다.

학생들은 특강을 들은 후 독서실에서 밤 8시부터 새벽 1시까지 공부했다. 공부방은 3인 1조였다. 나는 문제가 있는 방을 순회하고, 함께 공부하면서 면학 분위기를 조성했다.

90% 희망 대학 합격시켰지만 학생관리로 심신이 지쳐
새로운 경영자에게 넘기다

나는 너무 지쳐 밥맛도 잃고 체력도 떨어지는 느낌이었다. 그렇게 애써서 1년이 지나고 나니 90%가 원하는 대학에 진학했다. 대학에 입학하고 나서 나를 찾아와 우는 학생들이 많았다. 특히 맞으며 공부한 학생들이 많이 찾아왔다. 많이 지쳐있는 상황에서 학원을 인수하겠다는 사람이 나타나 그에게 넘겼다.

나 자신을 새로 발견하기도 했다. 경영에 자신감도 생기고 노력한 만큼 학생이나 학부모가 믿어준다는 확신도 얻었다. 그리고 대한민국에 최선을 다하는 심재봉 수학 선생이 있다는 것을 학생들에게 보여준 것도 보람이었다. 어떤 학부모는 "대한민국 교육계에 심재봉 같은 선생이 10명만 있으면 변화의 바람이 크게 불 것"이라고 했다.

그런 명성에 걸맞게 원장으로 초빙하겠다는 스카우트 제의가 많이 들어왔다. 그러나 나는 다시 학원을 열어야겠다고 생각했다. 내가 노원구 상계동과 송파구를 놓고 고민하고 있을 때 주변에서는 능력이 있으면 송파로 가고 능력이 안 되면 노원으로 가라고 조언했다.

나는 상대적으로 생활 수준이 높은 송파를 택했다. 그때가 노원에서 출발한 S학원의 K이사장이 송파에서 2년간 학원을 하다 문을 닫고 다시 노원으로 돌아가 새 학원을 연 시기였다. 그분은 송파에서 실패했지만 나는 성공할 것이라는 희망을 안고 도전했다.

성공하는 사람들도 길을 잃고 머뭇거릴 때가 있다. 그러나 시도하지 않으면 성공도 없다는 나의 철학은 끊임없이 나를 도전의 길로 들어서게 했다.

3. 제일영재학원·제일영재입시학원, 집념과 소통으로 최고의 경영자가 되다

**50명의 학생과 학부모 100% 만족시키면
강사료 50% 인상 내건 경영전략**

1992년 12월 송파 방이동에 제일영재학원을 오픈했다. 그때 송파 방이동에는 용문학원이 있었다. 용문학원 근처의 건물 100평을 빌려 문을 열었다. '제일영재학원'이라는 이름에는 영재들을 모아 최고의 학원으로 만들겠다는 각오를 담았다. 그리고 오픈과 동시에 특허청에 상호를 등록했다. 운영 방침인 원훈은 "오늘도 나는 최선을 다했는가"였다. 나는 원훈을 담은 핵자를 교실마다 걸었다. 제일영재학원은 월요일부터 토요일까지 수업했다.

학원을 오픈하는 날 중학생 50명이 등록했다. 선생들에게 "학생 모두가 원하는 수업을 하자"고 제안했다. 학생이 원하는 수업을 못하면 멀리 가지 못한다고 생각했다. 나는 선생이 수업을 잘하면 입소문을 통해 학생이 늘어날 것이라고 자신했다. 그런데 학생이 늘어나려면 학부모들이 먼저 만족해야 한다고 생각했다.

나는 입시 상담에서는 최고라고 자부할 만큼 노하우가 있었다. 송파에 사는 아는 학부모에게 부탁했다. 내가 커피값은 드릴 테니 학부모 10명만 모아달라고…. 올림픽선수촌 아파트에서 학부모 간담회를 열었다. 15명이 모였다. 공부하는 노하우와 입시 전략에 대해 2시간 정도 설명하고 질문을 받았다. 5번 정도 학부모 간담회를 열었다. 그렇게 해서 모은 학생이 50명이었다.

선생들에게 50명의 학생과 그 학부모에게 100% 인정받으면 강사료를 50% 더 주겠다고 했다. 선생들에게 수업 방법, 학생 컨트롤하는 방법, 학부모와 통화하는 방법 등도 설명했다. 한 달 교육을 하고 학생 50명을 대상으로 설문조사를 하니 100% 만족한다고 했다. 선생들에게 지금 방식대로만 학원을 운영하면 성공할 수 있다고 격려했다.

교육의 룰을 정하고 난 뒤, 나는 시간만 나면 학부모 간담회를 개최했다. 그러다 보니 심재봉 원장의 일과는 학부모에게 전화를 거는 것으로 시작했다. 학부모들의 건의 사항을 체크하고 수업을 준비했다. 학생들을 어떤 방법으로 관리할까. 어떻게 수업하면 좋을까를 궁리하는 것이 하루 일과의 전부였다. 잠자는 시간을 빼면 수업 연구하고, 학생들과 상담하고, 학부모와 통화를 하며 하루를 보냈다.

중학생을 받아들여 학원 확장으로
경쟁 학원들 견제에 철저한 수업연구

제일영재학원이 문을 연 직후에는 수강생이 주로 고등학교 2, 3학년이었다. 그러나 제일영재학원에서는 수강생을 중학생 전 학년으로 넓혔다. 중학생에게 전력투구 하겠다는 전략을 세웠다. 그렇게 1년쯤 지나자 원생이 중학생 500명, 고등학생 200명쯤 되었다.

1년 후 중학생반에서 외고에 10명, 과학고에 2명이 합격했다. 기적이 일어난 것이다. 그러자 학생들이 구름떼처럼 몰려왔다. 학생이 많아지고 주변에 학원 차들이 주차를 많이 하니 민원도 빗발쳤다. 나는 그때 송파경찰서 경찰발전위원으로 들어가 활동하기도 했다.

원장인 내 소신은 "나부터 철저히 하자"였다. 그 소신을 실천하기 위해 그 말을 입에 달고 살았다. 학생들이 모여들자 주변의 C학원, S학원, J학원에서 견제가 들어왔다. 한 학부모와 상담을 하는데 "우리 아이는 2개월만 다니겠다"고 해서 알아보니 다른 학원에 가기 위해 기다리는 기간만 다닌다는 것이었다. 그 학생은 2개월 후 다른 학원으로 옮겨갔다.

그러나 얼마 안 가 역逆회귀현상이 벌어지기 시작했다. 제일영재학원이 문을 열고 6개월이 지나니 S학원에 다니는 학생들 상담이 크게 늘었다. 그때서야 송파에 제대로 된 학원이 입성했다는 것을 알게 된 것이다. 임대한 건물의 교실이 꽉 차서 학생들이 대기를 하기 시작했다.

**3년 만에 새 사옥 짓고 우르르 자리 이동하는
다른 학원에 다니는 학생들을 수용하다**

교실로 학부모를 초대해 설명하면 학생들을 데리고 온다. 송파에서도 나를 '대강사'로 인정하고 있다는 것을 알았다. C

학원, J학원에서도 학생들이 몰려왔다. 경쟁학원에서 민원을 넣어 교육청 직원과 경찰관이 오면 싸움도 많이 했다. 가정방문을 해서 학부모들을 모아놓고 토론회식으로 상담하는 방법, 학원에서 학부형 간담회를 여는 방법 등을 활용해 점점 학원을 키워나갔다.

그때 한 생각이 머리를 스쳐 지나갔다. 멀리 내다보고 교육사업을 하려면 장학재단을 만드는 것이 좋겠다고 생각한 것이다. 원생 중에서 중학교 성적이 반에서 1등, 전교 2% 이내에 들면 수강료를 면제해 주었다. 제일영재학원을 3년 이상 다니면 장학금을 주었다. 고등학교 3년 동안 제일영재학원을 다니다 대학에 진학하면 입학금을 내주었다.

제일영재학원에 다니겠다고 학생들이 줄을 서는 바람에 할 수 없이 학원 옆 건물을 사서 제일영재사옥으로 만들었다. 개원 3년 뒤인 1995년에 새 사옥으로 이전했다. 이때 학원 이름을 '제일영재 입시학원'으로 바꿨다. 낮에는 재수생, 오후에는 중고생 학원으로 운영했다. 재수생은 근처에 아파트를 몇 채 빌려서 기숙학원으로 운영했다. 소문을 듣고 송파구 주변에 제일영재학원들이 생겨나기 시작했다. 김OO 고문변호사에게 의뢰해 소송을 걸었다. 모두 이겨 학원들이 간판을 내리게 했다.

학원 경영은 경영자의 철학이 있어야 성공한다. 그 당시 나의 철학은 원생들을 100% 만족시키는 학원을 만들겠다는 것이었다. 그러기 위해선 열심히 교재 연구를 해서 강의하고 학생들이 공부를 잘 할 수 있도록 유도하는 것이었다. 지름길은 없다.

공부 싫어하는 학생들, 철저한 관리로 바닥 탈출을 유도하다

공부를 싫어하는 학생들도 공부할 수 있도록 노력했다. 그런 학생들은 상담부터 시작했다. 목표를 정하기 전에 학교 성적표를 갖고 오라고 했다. 반에서 몇 등 안에 들어갈 것인지 목표를 정하고 약속을 했다. 학생들에게 맞춤교육을 시킨 셈이다. 보통의 학생들은 1년이 지나면 목표를 달성했다. 반에서 중간도 못 가던 학생들이 1, 2등을 하니까 학생들 태도가 달라지면서 스스로 공부하기 시작했다.

오랜 경험으로 터득한 것인데 공부를 못하는 학생들은 부모 말도 안 듣고 선생님 말도 안 듣는다. 학교 다닐 때 어느 정도 성적이 되어야 원만한 인성을 형성할 수 있다. 사립초등학교를 졸업한 학생들이 중학교 초반에는 성적이 우수하다. 그러나 갈수록 성적이 떨어진다. 이유는 스스로 공부하는 방법을 모르기 때문이다.

학원이 성공하려면 학원장의 운영방침이 철두철미해야 한다. 나는 학원 규모가 커지면서 담임제를 도입했다. 선생들에게 생활기록부 형태로 원생들의 성적과 품행을 기록하도록 했다. 나는 밤잠을 안 자고 학생들 생활기록부를 분석했다. 학원담임과 머리를 맞대고 성적이 올라가지 않는 학생의 성적을 올릴 수 있는 방법을 제시했다. 나는 성적이 오르지 않는 학생들을 1주일에 한 번씩 강당에 모아 별도로 상담했다. 설득하고 유도하고 상담하며 4, 5개월을 챙기니까 성적이 상위그룹으로 올라갔다. 대부분의 학생은 밑바닥 성적을 탈출했지만 안 되는 학생들도 서너 명은 있었다. 학생과 선생. 학부모가 하나가 되어 성적을 관리하니까 그들의 성적도 점점 좋아졌다.

내 스타일 배워 원장, 부원장으로 픽업된 선생들을 배출하다

학생들에게는 공부하는 방법을 알려주고 그들의 생각도 존중해 줘야 한다. 나는 그런 식으로 제일영재학원을 이끌었다. 학생들을 만나고, 선생들과 대화하고, 학부모들과 상담하다 보니 새로운 방법이 떠오르게 되고, 교육 노하우도 무궁무진하게 쌓이게 되었다. 개원하고 얼마 지나지 않은 95, 96, 97년에는 학생들 이름도 2000명 이상 기억했다.

선생들과도 같이 생활하다 보면 그들의 단점과 장점이 보인다. 초창기에는 학생, 학부모만이 아니라 선생들까지 관리했다. 지나고 보니 학원을 운영하면서부터 교직원과 가족을 빼고는 외부인들과 밥을 먹어본 적이 거의 없다. 제대로 된 선생들은 나의 교육철학을 닮으려 했지만 힘들어서 도저히 견디지 못하겠다는 선생들도 있었다. 내 스타일을 배워 원장이나 부원장으로 픽업되어 가는 선생들도 많았다. 그중에는 학원을 차리겠다고 나간 사람도 있다. 나는 성공할 수 있는 사람과 성공하지 못 할 사람을 알 수 있었다. 경영은 가르치는 것과는 다른 것이다.

나는 교직원 교육을 시킬 때 "첫째 거짓말하지 말고 진실하라"고 강조했다. 초창기에는 월급을 봉투에 넣어주었다. 아내에게 전부 갖다 주라는 의미였다. 학생들을 지도할 때 진정으로 가르치고 진실로 대하면 그들은 때려도 따라왔다. 사랑의 매는 학생들 마음에도 전달되는 것 같았다.

  1995년 제일영재 입시학원을 경영하면서 학원에서 쓰는 이름을 '심재봉'에서 '심재안'으로 바꿔 부르기 시작했다.

4. 학원 경영에도 오너의 카리스마가 필요하다

**선생 관리가 학원 성패 좌우한다는 생각에
사모들까지 정성껏 대우**

학원 경영의 제일은 교직원 관리다. 경영자가 카리스마를 갖고 선생 관리를 제대로못하면 망한다는 것을 깨달았다. 종로학원, 대성학원을 빼놓고는 모든 학원이 2세에게 물려주고는 망했다. 나는 선생들을 파트와 연령별로 구분해서 관리했다. 그들을 교육할 때 "내가 여러분보다 아는 것이 많아서 교육하는 것이니 참고하기 바란다"고 말한다.

앞서 얘기했듯 나는 선생들에게 교재 연구하는 방법, 학생 다루는 방법, 학부모와 상담하는 방법까지 낱낱이 전수했다. 한 선생이 "심 원장님은 2년 동안 교육할 때마다 새로운 이야기를 한다"고 놀라워했다. 선생들은 똑같은 이야기를 하면 따라오지 않는다. 나는 매달 할 말을 따로 준비했다. 1000번 정도 교육을 했던 것 같다. 지난번에 교육한 내용을 펼쳐보면서 현장에서 부딪히면서 느낀 내용과 연구한 내용 등을 추가해서 교육자료를 만들었다. 그러니 교직원들도 내 교육철학을 수용하지 않을 수 없었을 것이다.

나는 학원을 위해서 열과 성을 다하는 선생들을 위해 가족 이벤트도 했다. 비공식적으로 사모님들의 생일을 파악해, 직접 전화도 하고 케이크를 보내주기도 했다. 가끔 사모님들을 초대해 식사도 대접하면서 내조에 대한 교육을 하면 호응이 좋았다. 남편들이 우리 학원이 힘들어서 그만두겠다고 하면 적극적으로 말려달라는 부탁도 했다. 내 밑에서 교육받고 3년만 견디면 A급 선생이 된다고 했다.

나는 선생이 3년이 지난 후에 학원을 그만두겠다고 하면 허락했다. 그런데 3년이 지나도 그만둔다는 선생이 별로 없었다. 그리고 사모님들에게 "학생들이 아직 초등학생일 텐데, 아빠가 대형학원에 근무하는 것을 자랑스럽게 말해도 된다"고 했다. 아빠의 직장은 학생들 교육에 많은 영향을 준다. 내가 선생들에게 가정에 대한 교육도 시키고 있으니 가정에 돌아가서도 잘 할 것이라고 말했다. 이런 시도가 학원을 운영하는데 중요한 역할을 했다. 운영자는 모범적으로 행동해야 할 뿐 아니라 철학도 있어야 한다.

학원 교재를 싸게 팔았더니 전국서점연합회 데모대 몰려오다

대형학원이라 출판사와 협력해서 교과서를 주문했다. 판매가의 30~40%에 납품을 받았다. 40%에 책이 들어오면 학생에게 10%를 붙여서 판매가의 50%에 팔았다. 싸게 팔다 보니 학생들이 교재를 사러 우리 학원으로 몰려들었다. 송파구뿐 아니라 강남구, 광진구, 강동구에서도 학생들이 왔다. 학생들은 책을 사고 남는 돈은 용돈으로 쓰는 것 같았다.

내가 좋은 일을 하는가 보다, 라고 생각했는데 그게 아니었다. 작용 반작용의 원리를 몰랐던 것이다. 싸게 책을 팔고 있다는 소문이 나면서 송파구 서점들이 항의를 하기 시작했다. 서점들이 단합해서 데모를 했다. 그러나 관심을 두지 않왔다. 어느 날 전국서점연합회에서 집회신고를 했다고 경찰서에서 연락이 왔다. 며칠 후 600여 명이 모여 데모를 했다. 다음에는 2차 집회를 한다고 하더니 1000명 정도가 몰려왔다. 결국 내가 양보하고 말았다. 좋은 일에 꼭 행운이 따르는 것은 아니었다.

선생을 모집했는데 한 달 강의하는 것을 보니 능력이 안 돼서 내보냈다. 그 사람이 학원 앞에서 1인 시위를 했다. 웃지 못할 일들도 비일비재했지만 나는 굴하지 않고 내 철학을 학원에 적용했다.

갑작스러운 세무 조사로 억울하게 추징금 30억을 납부하다

학원을 운영할 때 제일은행과 거래했다. 은행직원이 철가방을 들고 와서 수금해 가곤 했다. 제일은행하고는 오래 거래했다. 그래서 송파구에 있는 제일은행 지점의 명예지점장도 해봤다. 모든 은행의 지점장들이 새로 부임하면 나를 찾아오곤 했다. 지점장들의 생리도 알게 됐다. 당시 지점장들은 능력이 있었다. 지금은 단순히 영업사원으로 바뀐 느낌이다.

국세청 본청에는 조사기능이 없다. 서울국세청에서 세무조사를 하는데 3번 정도 받았다. 한 번은 골프장에 있는데 국세청에서 세무조사가 나왔다고 직원이 연락했다. 운동을 중단하고 돌아와 보니 서울국세청에서 조사를 나온 분들이 3시간 30분이나 기다리고 있었다. 사인을 해줬더니 마치 압수수색을 하듯 5, 6시간이나 샅샅이 뒤졌다.

일주일 후에 세무조사를 하겠으니 방을 달라고 해서 그렇게 했다. 조사원 8명이 한 달 반 동안 매일 학원으로 출근했다. 간부를 부르고 경리팀을 불러대서 너무 힘들었다. 그 당시 내가 송파세무서 세정협의회 회장을 하고 있었다. 나는 학원사업을 하면서도 도덕적이고 이타적인 삶을 살려고 노력했는데 덕이 부족했던가, 하는 생각을 하기도 했다.

나중에 안 사실이지만, 우리 학원은 세무조사 대상이 아니었다. 세무조사 책임자인 팀장이 우리 학원의 납세 관련 서류를 보고 상사에게 세무조사 대상은 아니라고 보고했다고 한다. 그러나 공정거래위원장을 하다가 국세청장으로 간 분이 취임 3개월쯤 되었을 때 전국 100곳을 지정해서 특별 세무조사를 하라고 지시했는데, 그 100곳에 제일영재학원이 들어가 있어 어쩔 수 없이 세무조사를 하게 됐다는 설명이었다. 세무조사를 성실하게 받고 30억 정도 세금을 냈다. 국세청장 표창도 받고, 세정협의회 회장도 하고, 평소에 세금도 많이 냈지만 혜택을 받은 것은 하나도 없다.

지금도 억울하게 세금을 많이 냈다고 생각한다. 세금을 많이 낸 사람들에게는 사회적으로 혜택을 줘야 한다. 세무신고를 할 때마다 정부에 건의 하고 싶은 마음이다. 세무조사를 받을 때 경영자는 자살하고 싶은 심정이 들기도 한다. 그러나 나는 내 마음의 고삐를 바싹 쥐고 살았다. 행운과 불운 앞에서 평정심을 유지할 수 있던 것은 운이라는 모호한 세계에 빠져들지 않았기 때문인지도 모른다.

세금을 부과하면 관할 세무서로 내려온다. 돈을 낼 능력이 안 되면 담보물을 잡고 6개월 유예를 해준다. 나는 성실납세자라서 담보물 없이 6개월 연장을 해줬다. 그것도 특혜라면 특혜일까. 세금을 많이 낸 사람은 공항 라운지를 이용할 수 있다. 그렇지만 그런 것은 일반인들에게 별로 실용가치가 없다.

끈질긴 요구에 분당에 유일한 분원 인정했으나
부실 경영으로 폐쇄

학원운영이 잘 되고 유명해지니까 프랜차이즈 운영을 하고 싶다는 사람들이 많이 찾아왔다. 돈은 댈 테니까 이름만 빌려달라는 사람들의 문의가 빗발쳤다. 그 유혹을 뿌리치고 프랜차이즈 영업은 하지 않았다. 나는 문어발식 경영보다는 내 교육철학으로 학원을 운영하고 싶었다.

그런 와중에 박 모라는 수학 선생이 집요하게 프랜차이즈 경영을 원했다. 그분이 경기도 성남 분당에 학원을 내겠다고 30번을 찾아왔다. 분당에서 제일영재 입시학원의 분원형태로 운영을 해도 좋다고 승낙해줬다. 당시 한창 아파트 개발 붐이 일어 서울 강남, 송파에서 분당, 용인 쪽으로 이사를 간 사람들이 많았다. 분원이 생기니 문의가 쇄도하고 학생들이 밀려왔다.

오픈하고 한 달을 지켜보니 박 선생의 경영능력이 떨어져 제일영재 입시학원의 이미지를 망치고 있었다. 고문변호사에게 의뢰해서 간판을 내리게 했다. 학부모들에게는 일일이 사과 편지를 보냈다.

학원에 교직원 노조가 설립되었지만
대화를 통해 노조 설립 취소시키다

　직원 2명만 뜻이 맞으면 노조를 설립할 수 있다. 학원에 직원 노조, 버스기사 노조, 선생 노조가 생겼다. 노조를 설립하고 나서 학생들을 가르쳐야 할 사람들이 학생들은 안 가르치고 협상하자고 나섰다. 그들과 5번 정도 만나 노조설립을 취소시켰다. 그 후로 노조는 없었다. 그때 비교적 쉽게 노조를 없앤 것은 내 솔직함이 통했던 것 같다. 나도 교직원을 믿고 교직원도 나를 믿어 합의에 도달했다.

　교직원들이 결혼할 때 나한테 주례부탁을 많이 했다. 주례를 서게 되면 나는 "누군가의 롤 모델이 되는 것이 내 인생의 목표"라고 했다. 현재 소통과 믿음으로 제일영재학원을 경영하고 있는데, 가정도 마찬가지라고 신혼부부에게 당부했다. 한번 주례를 서니까 신청이 줄을 이었다. 친구자녀들, 직원들 등 100쌍 정도 주례를 선 것 같다. 나는 주례를 서도 사례비는 한 푼도 받지 않았다. 신혼여행을 다녀와서 인사하러 올 때 가지고 오는 넥타이 정도만 받았다.

　매년 3월 3일은 세정稅政의 날이다. 그날 각 세무서는 일일 명예세무서장과 일일 민원실장을 세운다. 명예서장은 관내

기업가가 맡고, 민원실장은 주로 탤런트에게 부탁한다. 명예서장을 맡게 되면 그날 세무서 직원들에게 1시간 가량 강연을 한다. 내가 명예서장을 할 때 민원실장은 소○○ 씨였다. 나는 강연에 앞서 원고 준비를 하지 않는다. 그때 강의 내용은 '나는 지금 성공했다'였다. 제일영재학원을 운영하는 경영 철학을 50분 정도 이야기했다. 끝나고 직원들로부터 우레와 같은 박수를 받았다. 그 이후 소문이 나서 구청에서도 강의를 하고, 경찰서에서도 강의를 했다.

  제일영재학원의 규모가 커지고 유명해지니까 전국의 중소학원 원장들로부터 강의 요청이 계속 들어왔다. 전국으로 돌아다니며 50여 차례 학원을 성장시킨 노하우를 강의했다. 원장들로부터 많은 것을 배웠다는 칭찬을 들었다. 강의가 끝나면 내 교육철학에 감동했다며 선물과 인사를 건네는 사람들도 많았다. 평생을 노력해도 자기 분야에서 빛을 보지 못하는 사람도 많은데 나는 행운아다.

TV 명사초대석에 출연해 교육철학을 피력하다

 이명지 교수가 부동산TV 명사 초대석에 여러 번 초대했는데 계속 거절하다가 나가기로 했다. 장영실과학문화대상을 받게 된 사연을 물었다. 실사實査를 통해 학원 규모, 선생과 학생 수, 경영 철학 등을 체크한 뒤에 주는 상이라고 소개했다.

 이 교수가 스파르타식 교육을 하는 이유를 물었다. 나는 "최고가 되고 모범이 되는 학생들을 길러내려면 엄한 면도 있어야 한다"고 대답했다. 사교육은 학교 교육을 뛰어넘을 수 없지 않느냐는 질문도 나왔다. 제일영재학원에서는 성적만 올려주는 것이 아니라 인성교육도 소홀히 하고 있지 않다고 강조했다.

 학교에서는 수업을 듣지 않고 잠을 자는 학생도 많지만 제일영재학원에서는 있을 수 없는 일이다. 학원에 오면 휴대폰도 꺼야 하고, 수업 중에는 친구들과 잡담도 할 수 없다. 성적이 떨어지면 손바닥 체벌을 받기 때문에 게으름을 피우려다가도 다시 공부에 매달린다. 학원 급수대에서 물을 마실 때 선생도 학생들과 똑같이 줄을 서야 한다. 방송에서 그런 얘기들을 했다.

밤 9시 30분에 40여 분 동안 방송이 나갔는데 상당히 많은 전화를 받았다. 학부모, 학원 경영자, 학교 선생에게도 전화를 받았다. 그때 '진실'을 추구하는 나의 교육철학이 인정받고 있다는 자부심과 자신감을 갖게 되었다. 많은 방송국에서 인터뷰를 요청했지만 거절했다. SBS와 인터뷰를 하고 싶었지만 제일연세학원 개원 때의 악연이 떠올라 거절했다.

4부   언제나 인생길에 동반자가 있어서
              외롭지 않았다

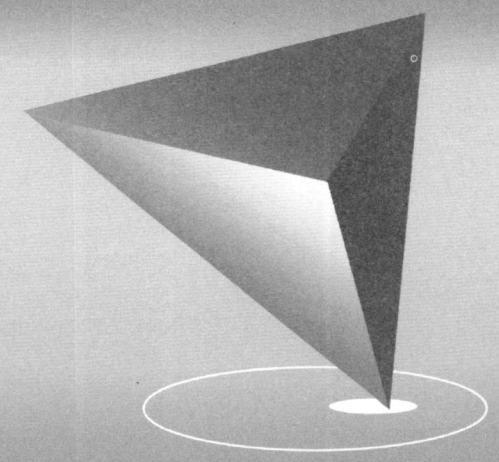

1. 민주평통 송파구협의회장 되어 새터민에게 정성을 쏟다

헌법기관인 민주평화통일자문회의(평통)의 서울송파구협의회 제12기, 제13기 회장을 지냈다. 대통령에게 임명장을 받는 평통 지역협의회장은 영광스러운 자리였다. 평통 지역협의회장은 평통 사무처에서 인적 사항을 담은 서류를 담당 부서에 올리면 공무원들이 심사와 신원조회를 한 후 임명한다.

청와대 영빈관에서 만찬을 하며 임명장을 받았다. 지금까지 살아온 삶과는 다른 역할이었지만 나에게 잘 맞는 옷 같았다. 삶도 무겁다고 느낀 적은 없지만 이 자리를 맡았을 때는 책임감을 느꼈다. 노무현 대통령이 북한에 가서 송이버섯을 선물로 받아온 적이 있다. 그때 송이버섯 먹으러 청와대 영빈관에 다녀오기도 했다.

내가 12기 회장으로 임무를 시작할 때는 취임식이라 하지 않고 출범식이라고 했다. 당시는 이OO 씨가 평통 수석부회장이었다. 그가 송파구 신천동 장미아파트에 살고 있을 때부터 알고 지냈다. 평통 수석부회장은 지역협의회장의 취임식에는 참석하지 않는데, 그런 인연으로 내 취임식에 참석했다. 그리고 국회의원과 서울경찰청장 등 거물급 참석자가 많았다.

그런데 당초 참석을 못한다던 박 모 의원이 취한 상태로 나타났다. 행사장은 C호텔이었는데 그곳을 아수라장으로 만들었다. 그는 공적인 행사에서 노무현 대통령을 욕하며 난동을 부렸다. 나는 어느 곳에서나 부끄럽지 않게 행동하는 것을 인생의 모토로 삼고 있었기 때문에 그 상황을 이해할 수 없었다. 뒤늦게 이 소식을 듣고 달려온 기자들이 이 불구경을 취재하려고 야단법석이었다.

나는 박 의원에게 "남의 잔칫집에 와서 이 무슨 행패냐"고 강력하게 항의했다. 박 의원 지역구의 시의원, 구의원들이 내가 박 의원을 나무란다고 내게 달려들었다. 나는 이들에게도 할 말을 다했다. 그 사건이 있고 나서 나는 박 의원을 폭

행혐의로 고소했다. 아마도 박 의원은 당시 공천을 받지 못한 불만을 그런 식으로 표현한 것 같다.

재판을 하는 도중에 박 의원을 잘 안다는 문 모라는 사람이 나를 찾아왔다. 그는 박 의원이 국회 사무총장을 하고 싶은데 무죄를 받아야 가능하다고 했다. 박 의원도 여러 번 찾아와 사과했다. 나의 선처로 박 의원은 결국 처벌을 면했다. 지금 생각해도 아이러니하다. 하필 내가 지역협의회장으로 일을 시작할 때 그런 사건이 벌어졌을까. 대한민국 평통 지역협의회장 260명 가운데 갑자기 유명인사가 됐다. 그때 방송국에서 인터뷰를 하자는 문의가 많았지만 응하지 않았다.

평통 송파구협의회장을 하면서 평양과 개성을 다녀오기도 했다. 나는 80명을 인솔해서 개성을 다녀왔다. 박연폭포를 구경하고 개성 시내에서 식사를 했는데, 술은 달러를 주고 사 먹었다. 지배인이 술을 많이 팔아줘서 고맙다고 인사했다. 그 후로 나는 개성공단을 5번 정도 다녀왔다. 초코파이를 가져가 공원들에게 나눠주기도 했다. 공원들은 도시락을 싸갖고 다녔는데 반찬은 대부분 단무지였다. 노동현장에서 열심히 일하는 그들에게 용기를 주고 싶어 소고기국을 주문해서 나눠주기도 했다.

그런 인연으로 나는 새터민에게 관심이 많다. 평통 송파구협의회장을 하면서 송파경찰서의 협조를 얻어 새터민들에게 희망을 주기 위한 교육도 하고 취업도 알선해 주었다. 제일영재학원에서는 새터민 자녀들에게 주는 장학제도도 있었다. 학원비를 깎아 주며 잘 정착할 수 있도록 도와주었다. 거여동, 마천동에 새터민이 많이 살았는데 평통 송파구협의회는 그들을 많이 도왔다.

나는 평통 송파구협의회장 자격으로 여러 행사에 참석했는데 축사만 한 것이 아니라 강의까지 했다. 다른 곳의 지역협의회에서 초청도 많이 했지만 시간이 없어 갈 수가 없었다. 평통 송파구협의회 자문위원들은 출석률이 높았다. 회장이 최선을 다하니까 위원들도 적극적으로 협조했다. 다른 곳에서도 맡은 일이 많아 바쁠 텐데 회의에 많이 참석해 줘 고마웠다. 나는 그들의 박수 속에서 봉사를 하며 긍정의 힘을 얻었다.

평통 송파구협의회장으로 일할 때 나를 많이 도와준 윤OO 수석부회장을 잊지 못한다. 전OO 대학약사회 회장도 나를 적극적으로 도와주었다. 심OO 의원이 국회 외통위원장이었는데 국회 외통위는 평통과 밀접한 관계를 맺고 있어

내게 많은 힘을 실어줬다. 다양하게 맺은 인연들이 나의 부족함을 채워주었기 때문에 평통 송파구협의회장으로 봉사한 것이 내 삶이라고 해도 그것이 내 것만은 아니라는 생각이 든다.

아슬아슬하게 개울을 건너는 종이배처럼 유년에서 청년으로, 청년에서 장년으로 살아가며 나의 성공스토리는 점점 더 확장해 갔다. 주변에 있는 좋은 사람들이 지혜를 빌려주기도 하고 용기를 갖도록 응원해 준 덕분에 가능했다. 평통 송파구협의회장의 자리에서 내려올 때 많은 사람의 박수를 받았다. 고맙고 감사한 일이다.

2. 송파경찰서 행정발전위원장으로 인해 지금까지 이어지는 소중한 인연들

누군가에게 맡겨진 일은 그 사람의 능력에 따라 결과가 달라진다. 여명808 회장인 남OO이 그렇다. 우리는 송파경찰서 행정발전위원회 위원으로 만났다. 남 회장은 숙취해소 음료를 생산하고 있었다. 그와 내가 무리에서 빠져나와 술잔을 기울일 때 나는 지갑을 자주 열었다. 우리가 가깝게 지내는 사이에 그는 철원에 공장을 지으며 성공가도를 달렸다. 사회봉사도 하면서 멋지게 도약하는 그의 삶을 나는 진심으로 응원했다.

그에게는 초등학생 아들이 있었다. 그 아들을 미국으로 유학 보낼 때도 교육계에 종사하는 내게 상의할 정도로 우리는 인간적으로 소통했다. 나는 남OO 회장님을 평소 존경하는 선배님으로 잘 모셨다. 지금도 서로의 안부를 챙기는 이웃사촌인 형님 같은 분이다. 그가 나보다 먼저 송파경찰서 행정발전위원장을 지낸 인연도 우리 관계를 더욱 돈독하게 만들었다.

내가 행정발전위원장으로 일할 때 김OO 루마선팅 회장이 찾아와서 위원으로 들어오고 싶다고 했다. 그러나 인연이 닿지 않아 실현되지 못했다. 그 후 김 회장은 광진경찰서 행정발전위원장을 지냈다. 봉사를 하며 살겠다는 사람들은 언젠가는 그 뜻을 이루는 것 같다.

내가 송파경찰서 행정발전위원장이었을 때 한번은 유명 탤런트 이 모 씨가 찾아왔다. 그가 중고차를 팔 때 사고가 여러 번 난 차인데도 그런 일이 없다고 한 것이 문제였다. 일이 꼬이는 바람에 한 차례로 일이 끝나지 않아 두어 번 뒤처리를 해줬다. 그때 그에게 체벌을 가했다. 그러면서 앞으로는 거짓말을 하지 말 것과 도와준 사람에게는 예의를 갖추라고 충고했다. 이런 일 외에도 나는 행정발전위원장을 하면서 힘없는 사람들에게는 힘이 되어주려고 노력했다.

이OO 전 행정자치부 장관이 지난해 추석(2023년 9월)에 전화를 주셨으나 바로 받지를 못했다. 내가 조카 전화를 받느라 늦게 전화를 드려 미안하다고 했더니, 그는 나이가 많고 적고 상관없이 먼저 챙겨야 할 사람이 윗사람이라고 했다. 언제나 한결같은 그의 인간다운 모습을 보면 삶을 새로 배우는 느낌이다.

나는 사람을 사귀면 끝까지 믿음으로 대한다. 나를 신뢰하는 사람도 내 말을 그대로 믿는다. 그래서인지 내 주변에는 사람이 많다. 그것을 큰 재산이라고 여기며 산다. 주변 사람들에게 믿음을 심어준다는 것은 쉬운 일이 아니다. 이OO 박사 주변에 친구가 없었다는 말이 새삼 가슴에 남는다. 어쩌면 그는 '참 나'로 사느라 다른 사람을 잃어버렸을지도 모른다.

믿음으로 만난 사람 중 김OO 송파경찰서장이 기억난다. 그가 역대 송파경찰서장을 초대하는 모임을 열고 싶다고 내게 말했다. 전임 송파경찰서장 중 나를 모르는 사람이 없기 때문이었다. 지금도 송파경찰서장으로 부임하면 내게 전화를 한다. 역대 송파경찰서장 첫 모임은 방이동 한미약품 건물 내의 중식당 어양에서 내가 호스트했다. 새로 부임한 서장이 전임자를 챙기는 것을 보고 나는 그가 크게 될 사람이라고 생각했다. 김 서장은 강원경찰청장(치안감)으로 옷을 벗었다. 그 인연으로 내가 강원도를 방문했을 때 파티를 열어준 적도 있다. 우리는 지금도 인연을 이어가고 있다.

강OO 경찰청장도 잊지 못할 지인이다. 신뢰로 맺은 관계라 세월이 흐를수록 더 돈독하게 지내며 자주 소통한다. 국민의힘 사무총장을 지낸 이OO 의원과 황OO 의원과도 인연이 깊다. 이OO, 박OO, 최OO, 김OO 전임 송파경찰서장들과도 서로 안부를 물으며 살고 있다.

박OO 전임 서장과는 지금과도 참 좋은 만남을 이어가고 있다. 그는 지금 충남 태안에서 살고 있다. 딸이 박OO MBC 아나운서다. 송파경찰서장에서 여주경찰서장으로 갔다가 그곳에서 정년퇴임했다. 서울대 철학과 출신으로 성격이 고지식해서 더 이상 진급하지 못한 것이 못내 아쉽다. 나에게 퇴임식 날 참석을 해달라고 했다. 하필 그날이 25일이었는데 매달 25일이 우리학원 직원들의 월급날이라서 못 간다고 했다. 그러나 너무 서운했다. 300명에게 월급 주는 것이 쉬운 일이 아니다. 그렇지만 하루 당겨 24일 월급을 주고 위로의 말씀을 해줬다.

김OO 한의사, 조OO 철강사업, 전OO 패션회사 대표, 한OO 서울병원장 등 다양한 직업을 가진 사람들과 경찰서에서 인연을 맺었다. 경찰서에서 인연이 닿은 사람들끼리 '송발회' 골프모임을 만들었다. 송파결찰서의 '송'과 행정발전위원회의 '발'을 따서 지은 모임이다. 나와 행정발전위원이었던 유OO 씨가 의기투합해 결성했다. 그 모임은 10년이 되었는데 어OO 전 경찰청장도 한 번도 안 빠지고 나온다.

내가 행정발전위원장을 할 때 위원들의 출석률이 100%였다. 위원과 경찰의 유대관계가 참 좋았다. 자주 만나 술잔도 기울이고 마음을 터놓고 이야기하며 여행도 다니는 모임이라 회원들 관계가 끈끈하다. 경찰서에서 행사가 있을 때 강사를 초빙한다. 나도 '하루 일과와 건강 지키기', '내가 살아온 이야기' 등을 주제로 강의를 한 적이 있다.

사람을 사귈 때 가장 중요한 것은 '진실'이다. 대부분의 사람은 부풀려서 이야기한다. 본인이 한 거짓말을 진실로 믿는 리플리 증후군에 빠져 사는 사람들이 의외로 많다. 거짓과 진실을 분별하는 능력을 잃어버리면 참된 나와 멀어진다.

3. 송파장학재단 설립하여 젊은이들에게 꿈을 나눠주다

　30년 전 송파구청장 주관으로 송파장학재단을 만들었다. 나는 이 재단의 이사가 됐다. 개인적 관심도 있고 제일영재장학재단도 운영하고 있어서 참여했다. 그런데 재단이 너무 빈약해 제대로 운영을 못 하고 있었다. 김OO 당시 구청장에게 "장학재단을 제대로 운영해서 인재를 육성했으면 좋겠다"고 했더니 "대안이 없다"고 했다.

　송파구민들을 대상으로 '1인 1계좌 갖기 운동'을 하자고 제안했다. 이 캠페인을 하면서 구청에서 구민을 모아놓고 PR하는 행사도 열었다. 5억 원밖에 없던 기금이 30억 원으로 늘었다. 그 이후로 장학재단은 역할을 잘하고 있다. 송파장학재단은 송파구청 교육지원과에서 운영한다. 교육지원과장이 바뀔 때마다 내게 찾아오면 장학재단 운영방법 등 많은 정보를 제공한다.

송파구청 장학재단이 잘 되니까 롯데장학재단에서 나를 이사로 영입해 롯데장학재단에도 참여하게 됐다. 롯데그룹에는 장학재단이 3개가 있다. 지금은 청송심씨대종회 장학재단에도 이사로 일하고 있다. 얼마 전 한국사진작가협회 장학재단 운영을 맡아 나름대로 역할을 하려고 한다.

장학재단을 잘 운영하려면 기금 확보만이 아니라 장학생 선발과 관리를 잘하는 것도 중요하다. 좋은 장학생을 선발해 장학금을 주고 난 뒤 사후 관리도 잘해야 장학재단이 빛난다. 장학생들과 세미나도 갖고 사회에 대한 건전한 인식을 심어줘야 나중에 이 사회와 국가에 필요한 동량이 된다.

내가 많은 장학회에 적을 두고 있는 것은 꿈나무들에게 장학금을 주고 마음부자가 된 사건이 있어서다. 한국체육대학교에서 체조선수 김○○, 양○○ 선수를 장학생으로 선발하고 내게 후원을 요청했다. 망설임 없이 그 요청을 받아들이고 매달 일정 금액을 장학금으로 지원했다. 어려운 선수 생활을 정신적으로 이겨낼 수 있도록 대화도 많이 나누었다. 그런데 김OO 선수가 2004년 아테네올림픽에서 은메달을, 양OO 선수가 2012년 런던올림픽에서 금메달을 목에 걸었다. 그때마다 많은 언론사에서 나를 찾아왔다. 그리고 내가 두 선수를 정신적으로 지원해서 좋은 결과를 얻었다고 보도했다.

크게 자랑할 것은 못 되지만 지금 나는 여러 군데의 장학재단을 연구하고 있고 나름대로 아이디어를 개발해 실험도 한다. 내심 나는 '장학재단 경영전문가'라고 생각한다. 씨를 뿌리고 물을 주어야 곡식이 열매를 맺듯 꿈을 좇는 젊은이들에게 장학금은 단비 같은 존재다.

4. 제8대 송파문화원장으로 취임하다

송파문화원장에 부임해서 현황을 보고 받아보니 정리된 것이 아무것도 없었다. 보수규정, 근무규정조차 없었다. 살림살이에 관한 규정을 전체적으로 점검하고 필요한 규정들을 만들었다. 사업과 행사도 정해진 것 없이 구청의 요구에 따라 그때그때 진행하는 형식이었다.

행사에 필요한 예산을 정리해서 구청 측에 예산을 달라고 했다. 재정담당 국장이 5,000만 원밖에 줄 수 없다고 했다. 5,000만 원은 확보하고 개인적으로 인연이 있던 임OO 서울시 정무부시장을 찾아갔다. 송파문화원이 들어있는 건물은 서울시 소유다. 문화원의 열악한 상황을 이야기했더니 담당

국장을 불렀다. 서울시 예산에서 3억을 받아 시설 개보수를 했다.

문화원은 새마을문고를 운영하고 있었는데 구청 교육지원과장에 말하고 문고를 옮기기로 했다. 문화원 건물이 비좁아 새마을문고는 문화원 뒤의 별관으로 옮기려 했던 것이다. 그랬더니 새마을문고 회원들이 구청에 가서 항의를 하는 등 큰 소동이 벌어졌다. 구청장이 불러 갔더니 새마을문고 이전은 시간을 두고 생각하자고 해서 실행을 미뤘다. 문화강좌와 강사는 정비해서 문화원에 활기를 불어넣었다.

문화원은 구청에서 벗어나야 한다고 생각했다. 직원들이 원장 말을 안 들었다. 그들을 해고하고 공채를 했다. 이후 사무실이 합리적으로 돌아갔다. 미술협회, 사진작가협회, 서화협회, 문인협회가 문화원에 둥지를 틀고 있었다. 협회는 제대로 운영되지 않았다. 그것이 문화원 협력단체들의 현주소였다. 협력단체 회장이 문화원 이사로서 역할을 해야 하는데 그럴 수 있는 근거가 없었다.

협력단체 회장은 자동으로 문화원 이사가 되도록 근거를 만들었다. 문화원 이사들을 데리고 중국으로 문화여행을 다녀왔다. 문화원 이사들이 정말로 좋았다고 회고했다. 한 시민단체가 송파문화원이 고압적이고 강사도 쫓아내고 직원도 쫓아낸다고 고발했다. SBS에도 투서해서 나를 비리 원장으로 보도하기도 했다. 내 열정이 매도당하는 순간이었다. 그렇지만 내 나름대로는 문화행정의 기본을 잡아놓았다고 자부한다.

내가 문화원장으로 있을 때 한성백제문화제의 주최를 송파구청이라고 쓴 플래카드가 걸려있었다. 담당 국장을 불러 다 떼어내고 송파구청과 송파문화원의 공동주최로 바꾸었다. 이후 한성백제문화제, 석촌호수 벚꽃축제, 신년해맞이 행사 등을 구청과 문화원이 공동 주최하고 구정창과 문화원장이 나란히 축사를 하고 있다. 서울시내 문화원 중 처음으로 잠실놀이마당에서 전통성년례(롯데 후원)를 개최했다. 이 행사는 내가 낸 사비로 2015, 2016년 두 번 열었다.

5. 송파국제로터리클럽 회장으로 봉사의 꽃을 피우다

    로터리클럽은 세계적인 봉사단체다. 서울 한강 이남은 3640지구 地區라고 하고, 한강 이북은 3650지구라고 한다. 3640지구 소속인 송파로터리클럽의 회장을 맡아 봉사활동을 열심히 했다. 로터리클럽 세계본부인 국제로터리클럽에서 3640지구로 돈이 오면 10명 정도의 장학생을 추천해서 장학금을 주었다. 꿈나무를 관리하고 교육하며 여행도 시켜주면서 미래에 대한 큰 포부를 품게 했다.

    송파로터리클럽이 잘 되자 회장을 다른 사람에게 넘겨주고 나는 뉴잠실로터리클럽을 새로 만들어 회장을 하기도 했다. 적극적인 활동으로 국제로터리클럽으로부터 상도 받았다.

로터리 지구 책임자를 총재라고 하는데 선거로 선출한다. 총재가 되면 미국 일리노이주 에번스턴에 있는 국제로터리 본부에 가서 20여 일간 연수를 받는다. 총재 밑에는 총재보가 5명쯤 된다. 총재보는 부총재라고도 한다. 우리 지구에는 강동, 송파, 강남을 담당하는 총재보가 1명 있고 그 아래 5개 정도의 클럽이 있다.

20년 전에는 지역에서 잘 나가는 사람들이 로터리클럽 회원이 되어 많은 사람과 인맥을 쌓고 싶어 했다. 그 당시 로터리맨은 지역에서 인정해 주는 유력인사였다. 내가 송파로터리클럽 회장을 할 때 장○○, 전○○, 손○○ 회원이 많이 도와주었다. 그 인연을 지금도 잊을 수 없다. 나는 총재보 2년 임기를 마치고 3640지구 총재 선거에 입후보했다. 그러나 낙선하고 말았다. 투표는 총재단이 하는데 1표 차이로 떨어졌다. 다시 입후보하라는 제안을 받았지만 포기했다. 총재는 많은 돈을 써야 하는 자리다. 나에게는 명예보다 돌봐줘야 할 절실한 이웃들이 많았다.

로터리맨으로 알게 된 민○○어학원의 민○○ 씨가 기억에 남는다. 그는 중앙대 교수로 재직하고 있었다. 서초클럽 회장을 맡고 있었는데 일본 오사카 세계로터리대회에 함께 참석했다. 같은 교육계에 종사한다는 인연으로 우리는 합동 봉사를 많이 했다. 어려운 환경의 학생들을 장학생으로 선발해 안정적으로 공부할 수 있도록 도와주는 활동을 주로 했다. 우리는 제도교육에서 벗어난 청소년들에게도 장학금을 주며 선도했다.

그때 오지 봉사도 했다. 1년 동안 한 달에 한 번씩 강원도 평창에 교육봉사를 다녀왔다. 동네 마을회관에서 1시간 이상 민OO 씨는 영어를 가르쳤고, 나는 수학을 강의했다. 주로 중학생들이었는데 15명 정도 됐다. 학생들은 몇 킬로를 걸어 학교에 다니고 있었다. 약속한 날짜가 임박하면 전화가 와서 아무리 바빠도 빠질 수가 없었다.

평창에 갈 때마다 학원에서 발행하는 책자와 학용품도 한 보따리씩 가져갔다. 학생들에게 공부하는 방법을 가르쳐주며 힘든 현실을 딛고 일어설 희망을 주고 싶었다. 돌아올 때면 부모님들이 고맙다고 산나물 등을 싸주기도 했다. 부모님들은 '훌륭한' 사람들이 와서 잠깐 강의를 하는 것은 별 의미가 없을지 모르지만, '훌륭한' 사람들을 만나면 학생들에게 희망이 생기지 않을까 하고 생각한다고 말했다. 마지막 수업을 하고 헤어질 때는 아쉬워서 울기도 했다. 로터리 봉사는 육체봉사가 아니고 실질적으로 도움을 주는 봉사다. 그래서 더 자부심을 갖고 활동했는지 모른다.

지구 로터리클럽은 매주 아침에 인터콘티넨탈 서울파르나스 호텔에서 조찬모임을 한다. 나는 한 달에 한 번 참석했다. 보통 100여 명이 모인다. 국제로터리 동향과 봉사에 대한 이야기도 하고, 특정 현안이나 이슈에 대해 주제 발표도 한다. 지구 모임에 가면 대학교수들도 많이 나온다. 그들은 로터리를 통해 사회봉사를 많이 했다.

기억에 남는 일은 마천동 '사랑의 집' 봉사다. 정부의 허가를 받은 곳이 아니라 어떤 분이 양말장사를 해서 번 돈으로 50여 명의 고아들을 돌보고 있었다. 학생들 건강 상태와 생활 환경이 엉망이었다. 갈 때마다 안아주고 씻겨주기를 5년 동안 했다. 그러다 보니 학생들과 정이 많이 들었다. 봉사를 끝내고 헤어질 때 우리를 쳐다보던 그 애절한 눈망울이 늘 마음 한구석에 남아 있다.

6. 교육이라는 가장 넓고 깊은 책을 들여다보는 학교운영위원장

　모든 초중고교에는 학교운영위원회가 있다. 선생들 월급을 빼고 모든 경비는 학교운영위원회를 통과해야 사용할 수 있다. 그러니 학교에서는 운영위원회의 권한이 대단하다. 민원도 운영위원회에서 다룬다. 운영위원회는 학부모 위원 6명, 교직원 위원 6명, 지역위원 2명으로 구성한다. 임기는 2년이다. 교직원 위원은 주로 특정 교원단체 출신들이 맡는다. 운영위원이 되려면 관할 교육청의 신원조회를 통과해야 한다.
　지역위원의 자격은 사는 지역과는 상관 없다. 보통은 학부모의 추천을 받는다. 방이초등학교에서 요청해서 운영위원장 4년을 맡은 적이 있다. 운영위원장은 14명이 선거로 결정한다. 선거를 해서 내가 위원장이 되었다. 회의를 해도 위원장이 사인을 안 하면 집행을 못 한다. 교장은 위원이고, 교감은 발언권 없는 당연직 옵저버로 참석한다. 학교에 문제가 있으면 긴급회의를 열고 그렇지 않으면 한 달에 한 번 회의를 한다. 오후 4시에 회의를 시작해서 밤 12시까지 한 적도 있다. 특정 교원단체 소속 선생들이 교장을 물고 늘어지면 그렇게 된다. 방이초등학교에는 특정 교원단체의 강동지부장과 송파지부장이 근무하고 있었다. 그렇지만 내가 위원장을 맡고 나서는 오후 4시에 시작해서 30분 만에 회의를 마쳤다. 특정 교원단체 소속 선생들이 자기네들이 할 말을 미리 보내주면 내용을 점검하고 소통한 후 회의를 진행하니 빨리 끝났다. 운영위원회의를 하면 얼마간 회의비가 나오는데, 그 돈을 모아 회의 끝나고 회식을 많이 했다. 함께 밥을 먹고 정을 쌓으며 재미있게 활동했다. 운영위원장은 졸업식과 입학식 축사도 해야한다. 창덕여고위원장은 2년하고 6개월을 더 했고, 대청초등학교에서도 2년간 운영위원장으로 일하며 학부모 위원들과 재미있게 봉사활동을 한 기억이 난다. 지역사회를 위해 봉사하면서 어려운 일이 있을 때마다 해결책을 찾아내는 그들에게서 나는 삶을 다시 배웠다.

5부   삶을 풍요롭게 한 나의 인연

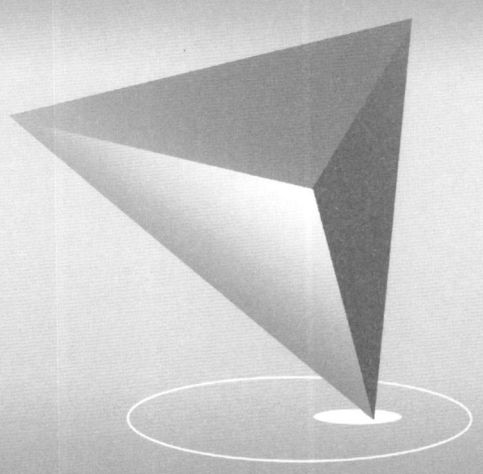

1. 소중한 사람들

 스파르타식 교육은 아무나 할 수 없다. 선생이 학생을 제대로 파악하고, 학생을 맨투맨으로 상대해야만 가능하다. 말은 쉽지만 적당히 해서는 성공할 수 없다. 교육자의 사명은 학생이 공부를 안 할 때 공부하도록 유도해서 성적이 올라갈 수 있도록 돕는 것이다. 성적이 오르게 하려면 수업을 연구하고 최선을 다해 가르쳐야 한다. 동시에 교육자에게는 엄한 면도 필요하다. 나는 엄한 선생이 훌륭한 제자를 만든다고 생각한다. 타인에게 엄하면서 자기에게도 엄한 선생이 되어야 학생들이 따른다.
 제일영재학원은 본관, 별관, 신관, 신관2, 광진관, 강동관에 원생 5000여 명, 교직원 300여 명의 대형 학원으로 성장했다. 나는 나의 길을 묵묵하게 걸어갔다. 그리고 그 길에서 만난 크고 작은 인연들을 소중하게 여기며 산다.

나는 전남 광양의 김○○이라는 사람과 인연을 이어가고 있다. 그는 제일영재학원 차량운영과장으로 근무한 적이 있다. 당시 제일영재학원 간판을 붙인 차량이 70여 대나 됐다. 그는 자신이 운영하는 학원처럼 열심히 차량을 관리했다. 그의 성실함에 감동해 그를 신뢰하게 되었다.

그가 다른 길을 찾아 학원을 그만두고 고향인 광양으로 내려갔다. 광양에서 메리야스 판매점을 했다. 장사가 잘 되니까 건물 주인이 나가라고 한다며 나를 찾아왔다. 광양에 빌딩을 하나 지어달라는 것이었다. 그리고 자기에게 임대해주면 빌딩을 잘 관리해주겠다고 했다. 아무리 그가 우리 학원의 성실한 직원이었다고 해도 그런 것을 요구할 사이는 아니었다. 그렇지만 강하게 밀어붙이는 그의 용기가 나의 가난했던 시절을 떠올리게 했다. 시간을 달라고 했다.

그가 10번쯤 부탁했을 때 광양으로 내려가서 시장 상황을 살펴보았다. 투자를 해도 나쁘지 않을 것 같아 시청에 가서 확인하고 땅을 사서 건물을 지었다. 그와 나의 인연은 그렇게 깊어졌다. 지금도 광양에 가면 그를 꼭 만난다.

  인연을 따라 살아온 세월에서 잊지 못할 사람이 또 있다. 권OO 우리 학원 원장이다. 그는 우리 학원 영어 선생으로 들어와 과장이 되고 원장이 되었다. 그와는 눈빛만 봐도 서로 마음을 읽는 사업파트너가 되었다. 그만큼 서로에 대한 믿음이 강했다.

  각자 살아온 삶의 궤적은 다르지만 세상을 바라보는 시선이 같은 안OO 원장도 내 마음속에 있다. 그리고 청산학원에서 4년 정도 내 수업을 들은 제자 김OO 원장도 서로의 마음을 읽는 사람 중 하나다. 신OO, 강OO, 김OO, 이OO, 김OO과의 인연은 내 삶을 기름지게 했다.

  김OO은 우리 학원 논술선생으로 근무했다. 그와 함께 도OO 국회의원을 만나 술잔을 기울였던 기억이 아직도 생생하다. 소설가이기도 한 김OO은 많은 작가와 만나도록 주선했다. 김OO 소설가와의 인연도 빛바랜 사진처럼 나의 머릿속에 남아 있다. 문화 예술인들과 인연으로 내 삶의 폭이 넓어졌다고 생각한다.

  아이템 2000 학원을 운영할 때 이OO이라는 재무총괄이 있었다. 당시 35살 정도였다. 그녀는 처남의 처제다. 업무를 파악하는 능력이 탁월하고 참 열심히 일했다. 내 비서역할도 잘 해줬다. 처음 학원 사업을 시작할 때부터 제일영재학원의 간판을 내릴 때까지 함께 근무했다. 퇴직할 때 내게 베푼 고마움에 성의를 다해 보답했다.

김OO 조선대 교수와의 인연도 깊다. 그의 형이 내가 있던 대진학원의 동료였다. 그의 형과 가까이 지내다가 동생 이야기를 들었다. 당시는 YS정권이었는데 중령으로 예편하게 됐다고 했지만, 여러 사람의 도움으로 대령으로 진급했다. 그렇지만 본인의 실력이 없었다면 대령 진급은 힘들었을 것이다. 대령으로 예편해 조선대 군사학과 교수로 부임했다.

명절만 되면 김 교수 부부가 나를 찾아왔다. 그를 만나면서 호남 사람에 대한 나의 편견이 깨졌다. 그런 생각을 본인에게도 한 적이 있다. 영호남 간의 개인적 인연으로 지역 간 갈등을 풀 수 있었으면 좋겠다. 그의 어머니가 "원장님은 어째 우리 아들 같은 사람에게 이렇게 정을 베푸느냐"고 물어서 "김 교수가 어머니처럼 인자한 분의 자식이니 내가 어찌 안 좋아할 수 있겠습니까"라고 하자 환하게 웃으셨다. 전북 전주의 교직원 연수에서 강의한 적이 있다. 김 교수와의 인연을 얘기해 박수를 받았다.

제일고시학원 옆에 보신각이 있었다. 나는 건축에 관심이 많아 점심시간이면 보신각을 재건축하는 현장을 자주 기웃거렸다. 내가 아는 학부형의 소개로 현장소장도 알게 되었다. 한옥에 관심이 많은 나는 자주 놀러 가 현장소장과 많은 이야기를 나누며 한옥에 대해 귀동냥을 하기도 했다. 현장소장은 내가 결혼한다고 하자 선뜻 부산 해운대 조선비치호텔 숙박권을 주면서 쓰라고 했다. 덕분에 부산으로 신혼여행을 잘 다녀왔다. 아쉽게도 그 후 인연을 이어가지 못했다.

우리 앞에는 무수한 문이 있다. 다채로운 삶의 문 앞에서 우리는 따로 떨어져 있는 것 같지만 사실은 서로 이어져 있다. 어떤 문은 열리지 않을지 모른다. 그러나 한곳을 바라보는 사람들과 꾸준히 걷다 보면 문은 열리게 마련이다. 그래서 인생은 함께할 벗이 있을 때 더욱 빛난다.

2. 가보지 않은 길, 와인스쿨에서 만난 사람들

하루는 모르는 사람이 나를 찾아왔다. 만나보니 '와인스쿨 이OO'이라는 사람이었다. 1879와인을 5박스나 갖고 왔다. 6개월 과정의 와인스쿨 11기를 개강했는데 회장감이 없으니 회장을 맡아달라고 간청했다. 나는 거절했다. 해당 과정에 재학 중일 때의 회장을 초대初代 회장이라고 하는데 많은 돈을 써야 한다고 했다. 계속 거절하다가 간곡한 요청에 결국은 승낙하고 11기 초대 회장을 맡았다. 11기를 마무리하면서 지금까지 와인스쿨에 재학했던 사람들을 모두 모아 원우회를 구성했는데, 지금도 잘 운영하고 있다. 두 달에 한 번씩 만나 우정을 쌓고 있다. 초대 회장 이후의 각 기별 회장은 특정인에게 부탁하지 않고 돌아가면서 맡고 있다.

원우 중에 기억에 남는 사람은 한복디자이너 오OO 씨다. 말도 통하고 나이도 비슷해서 그런 것 같다. 학생들 결혼할 때 그녀에게 한복을 맞추기도 했다. 딸과 아내, 사돈과 사위가 한복을 맞추러 갔는데 오OO 씨가 사위에게 "훌륭한 장인을 만났으니 장가를 잘 가는 것"이라고 해서 사돈댁이 놀란 에피소드가 있다. 오OO 씨의 딸이 프로골퍼인데 소소하고 요긴한 스킬을 전수받았다. 그래서 골프 실력이 점프했던 기억이 새롭다. 오랜 만남은 마음속에 신뢰의 길을 만든다.

광운대 최고위과정 회장을 맡다

광운대 부동산 최고위 과정은 초빙교수가 강의한다. 6개월 과정을 개강한 지 2개월쯤 되었는데 회장을 맡을 사람이 없다고 연락이 왔다. 내가 사양하니까 대학원장이 나에게 제안했다. 회장을 맡아주면 명예경영학박사 학위를 주겠다고 했다. 한 달 후에 명예경영학박사 학위를 받았다.

나와 결이 다른 이들과 대화를 나누며 감정을 섞고 산 지도 벌써 15년이 지났다. 사회적 관계를 맺는 이 모임은 잘 운영되고 있다. 나는 초대 회장을 하면서 회원 상호 간 유대 강화를 최우선으로 삼았다. 그 후 총원우회 회장도 맡아 인맥을 넓혔다. 총원우회 회장은 돈을 쓰는 자리다. 삶의 에너지를 얻는 사람들과 만나는 데 돈을 내는 것도 삶을 사랑하는 한 방법일 것이다. 그것이 모임의 결속력으로 이어지기도 한다.

서로를 응원하며 함께 걸었던 한국체대

사는 것은 시간과 사람을 스쳐 가는 일의 총합이다. 건설교통부 장관과 국회의원을 지낸 이OO 씨가 한국체육대학교 총장으로 부임했다. 나는 이 총장과는 오랜 인연이 있다. 앞에서 소개한 올림픽 은메달리스트 김OO, 금메달리스트 양OO 체조 선수를 후원하게 된 것도 이 총장님의 권유였다. 장학금 명목으로 후원했지만, 그들이 대한민국에 금메달과 은메달을 안겨준 것은 나에게도 커다란 영광이었다.

새해를 시작하며 하루하루가 분주할 때였다. 이 총장이 한국체대 총장으로 왔다고 소식을 전하며 CEO과정에 들어오라고 했다. 시간을 내기가 그리 쉽지는 않았지만 등록했다. 그때 정OO, 유OO, 육OO 교수와 좋은 인연을 맺었다. 나는 한국체대 CEO과정에서 만난 사람들과 함께 걸으며 인생의 맛을 음미하고 있다. CEO과정에서 인정받으며 봉사했던 시간은 소중한 추억으로 남아 있다. 비록 나는 석양을 향해 가고는 있지만, 우리는 서로의 삶을 응원하며 산다.

팔자에 없던 골프장 경영 3년 너무 힘들었다

골프를 치러 태안비치 골프장을 자주 다녔다. 태안비치 골프장에서 분양하는 아파트도 분양받았다. 아파트를 분양받으면 골프장 회원권을 준다. 분양한 아파트는 120세대였다. 나보고 아파트 대표를 맡아 달라고 해서 그렇게 했다. 그런 와중에 골프장이 부도가 났다. 대전지방법원 파산부의 결정으로 우리 아파트 주민들 이름으로 골프장을 인수하게 되었다.

돈을 내야 하는데 주민들이 호응을 안 해 내가 돈을 내고 인수자로 3년간 경영하고 손을 뗐다. 주민들이 돈을 한 푼도 안 낸 것은 이득이 생기지 않는다는 것을 알기 때문이다.

인수자를 결정할 때 재판장이 "오랫동안 교육자로 살아왔기 때문에 회원들의 권익을 잘 보호해 줄 것 같아 인수자로 결정했다"고 했다.

골프장을 경영해 보니 비리도 적지 않고, 3D업종이라 직원들의 이직도 잦아 어려움을 겪었다. 캐디가 80명 있었는데 캐디교육과 직원교육을 하며 인성교육을 강조해 박수를 받았다. 3년 동안 골프장을 운영하면서 얻은 교훈은 인성과 마인드를 바꾸는 것이 결코 쉬운 일이 아니라는 것이다. 처음부터 그런 것을 각오하고 달려들지 않으면 골프장 경영은 어려운 사업이다.

3.   이기는 것도 인생, 지는 것도 인생 아닌가

지역사회를 위해 구청장이나 국회의원을 하고 싶었는데 잘 안됐다. 송파구청장 예비후보로 등록했을 때다. 터널 뚫는데 권위를 갖고 있는 선산토건의 박OO 회장님께서 적극 지원하겠다고 나섰다. 그런 후원에도 불구하고 아쉽게 공천을 못 받아 포기하고 말았다. 구청장 출마 의사를 보였을 때 많은 사람이 지원하겠다며 연락했다. 그때 내가 세상을 헛살지는 않았구나 싶었다. 그때 나는 많은 사람에게 밥도 사고 술도 사며 지갑을 열었다. 아마 몇천 명에게 밥을 사준 것 같다. 내가 세상에 보시하면서 즐거웠던 순간이었다.

경남 함안군수에 나설 기회도 있었다. 그렇지만 내 사업체가 서울에 있어서 할 수 없이 친구를 추천해 군수가 되었다. 지방에서 리더 역할을 하려면 돈도 있어야 한다. 그렇지 않으면 돈의 유혹 때문에 처신을 잘못해 자리를 빼앗길 수도 있어서다.

하나의 자리를 놓고 사활을 건 경쟁에서 목표를 이루는 사람이 있는가 하면 뼈저린 좌절을 맛보는 사람도 있다. 그게 인생이라고 생각한다. 비록 꿈을 이루지는 못했지만 아주 씁쓸한 것도 그저 달콤한 것도 아니었다.

돈 문제와 관련해 투명하게 처신했던 사람으로 박OO 송파구청장을 기억하고 있다. 그가 정의로운 리더로서 인간적인 면모를 보여주어 감동했다.

4. 사진, 그리고 인생

양재동에 아이템 2000 학원을 열었을 때도 살림집은 노원구 하계동에 있었다. 대중교통을 이용하기에는 불편해서 기사를 채용해 출퇴근했다. 42살에 평생소원이던 기사를 두고 살게 된 것이다. 차가 있으니 운전면허 시험을 봐야 할 것 같아서 학과시험을 봤는데 학과는 70점을 맞았지만 기능은 코스에서 떨어졌다.

운전면허는 매달 재시험을 볼 수 있다. 그 후 학부모 상담과 수업에 몰려 재시험을 치르지 못해 계속 연기했다. 1년이 넘어버리며 학과 시험 합격도 효력이 없어졌다. 매일 주어진 일을 소화하려면 짬을 낼 수 없어 운전면허는 날아갔지만 학생들을 보면 즐거웠다. "제대로 살고 싶다면 인생을 꽉 붙잡으라"는 호라티우스의 말처럼 가능성을 향해 늘 최선을 다하는 삶을 살았다. 그 이후 상당 기간 운전면허시험은 생각도 하지 않았다.

6년 전부터 사진을 열심히 찍으러 다니다 보니 어깨가 아파 3개월 동안 고생했다. 오십견 비슷한 통증이 왔는데 쉽게 멎지 않았다. 그때 잘 아는 후배의 소개로 성모병원 신경외과 이OO 교수를 찾아갔다. 그에게 치료를 받고 어깨가 많이 부드러워졌다. 5개월 정도 치료하느라 1년 정도 사진을 못 찍었다.

사진을 시작한 것은 용문학원과 대일학원의 선생들이 모여 사진을 해보자며 초대한 김OO 사진작가를 만나면서부터다. 내가 50대 초반이었을 때다. 지금도 김OO 사진작가와는 교류하며 산다. 사진에 관심을 두게 된 것은 지인들끼리 오지여행을 가자고 의견을 모았는데, 여행을 가면 우리가 직접 사진을 찍으면 좋겠다는 말이 나왔기 때문이다.

나는 가천대 사진미디어학부에서 2년 동안 공부를 하고 지금은 사진작가로 활동 중이다. 남은 인생은 사진에 할애해 볼 생각이다. 사진의 매력이라면 구도를 잡는데 5번 이상은 사물을 봐야 한다는 것이다. 무엇인가에 집중하는 것이 매력이다. 사진은 창작이지만 대상은 실체가 있다.

인생이 한줄기 강물이라면 나는 지금 넓고 깊은 하류를 흘러가고 있다. 급류처럼 소란스러웠던 소년기와 온갖 소용돌이에 휘말려 휘청대던 청년기의 삶은 이미 지나갔다. 하지만 나이가 들었다고 배움에 대한 도전을 멈춰서는 안 된다고 생각한다. 생명 있는 것들에 진심을 갖고 다가가 보이는 것보다 훨씬 깊고 다채로운 속살을 담아내고 싶다.

집념·소통·믿음의 인생 삼두마차를 타고

내 삶을 되돌아보니 집념으로 여기까지 온 듯하다. 경영자로서 다른 사람의 롤 모델이 되어야겠다는 생각을 많이 했다. 그러기 위해서는 작은 실수도 허용해선 안 된다고 생각하며 살아왔다. 그러나 경영은 집념만으로는 되지 않는다. 소통도 필요하다. 집념은 나의 좌우명이고 소통은 나의 행동방식이다. 그리고 집념과 소통의 결과로 믿음이 생긴다는 것도 알게 됐다. 그래서 내 주례사의 핵심은 집념, 소통, 믿음이다. 그 셋이 없으면 '모래 위에 집짓기'라는 말을 자주 했다. 주례는 100여 차례 선 것 같다.

나는 열심히 가르치며 살다 보니 국민훈장목련장, 장영실과학문화교육대상, 대통령표창 등 많은 상을 받았다. 의도한 바는 아니지만 수많은 감사장과 감사패를 받으며 뜻하지 않게 나의 교육 철학과 인생관을 인정받는 느낌이었다.

시류에 따라 세상도 변한다. 교육사업도 마찬가지다. 학원가에 변화가 생길 때 단호하게 변화를 수용하고 혁신해야 한다. 경영자가 원장들에게 어떤 방법으로 어떻게 혁신할 수 있는지 방향을 제시해야 한다. 나는 입시에 대한 자부심이 있었고, 머릿속에는 늘 아이디어가 있었다.

무엇보다 학부모들의 마음 읽기를 게을리하지 않았다. 그래서일까. 우리 학원은 선생과 학부모들 간에 마찰이 없었다. 나는 선생들을 교육시킬 때 늘 학부모들이 만족할 수 있는 교육을 하라고 했다. 최고 경영자는 분명한 교육철학이 있어야 방법을 제시할 수 있고, 그래야 아랫사람이 따른다. 나는 학생들 성적 때문에 불안한 학부모들을 모아놓고 자녀교육에 대한 강의를 많이 했다. 선생교육, 학부모교육, 직원교육, 기사교육 등으로 하루 4시간 정도밖에 잠을 못 잤지만 피곤하지 않았다.

아내와 떠나는 사찰 기행

　나는 사찰기행을 많이 한다. 사찰기행을 할 때는 집사람과 동행한다. 최근에 충남 공주의 마곡사, 갑사, 동학사를 1박 2일로 다녀왔다. 부여의 낙화암과 고란사도 들렀다. 사찰여행을 하면 내 마음이 유연해진다.

　나는 집념으로 살아왔다. 목표를 만들고 그것을 이루기 위해 사는 것이 내 삶의 방식이었다. 집념으로 경영하면서 소통하니 믿음이 생겼다. 내가 오래 만나는 사람들은 집념 속에서 소통하며 믿음으로 교유하는 사람들이다. 절에 가면 소중한 인연과 맺은 믿음이 흔들리지 않도록 해주시고, 나도 많은 사람에게 믿음을 줄 수 있도록 해달라고 기도한다.

　나는 20년 정도 원불교 불자다. 원불교에는 교무가 계신다. 많은 교무님 중 김OO, 임OO 교무를 존경한다. 원불교에 대한 애정과 집념이 대단한 분들이라서 그렇다. 내가 사는 스타일과 비슷한 분들이기도 하다.

운전면허 따서 차를 모니
"심 회장 쫄딱 망해" 자가운전 한다는 뜬소문

나는 내 삶을 풍요롭게 채우는 것도 게을리하지 않았지만 건강 앞에서는 자주 무너졌다. 지금도 이OO 교수에게 치료를 받으러 다니는데 그가 "형님 운전하시죠?"라고 물었다. 나는 "면허증도 없다"고 했더니 운전을 해야 치매도 안 걸리고 어깨도 안 아프다고 했다. 그 소리를 듣고 당장 면허시험 등록을 하고 수원에서 시험을 봤다. 필기, 실기 주행까지 한 번에 합격했다. 젊어서 운전을 할 줄 알았다면 내 인생도 많이 달라졌을 것 같다.

나는 운전면허증을 따고 운전연습도 할 겸 SUV스포티지 중고차를 하나 샀다. 두 달 정도 끌고 다녔는데 이상한 소문이 돌았다. 오랜 친분이 있는 사람들과 밥을 먹는데 한 사람이 "심 회장이 쫄딱 망해서 스포티지 중고차를 직접 끌고 다닌다는 소문이 났다"고 했다. 소문이 천 리를 갈 것 같아 스포티지를 지인에게 주고 다시 기사를 들였다. 소문은 회오리바람처럼 사라졌다. 지금은 개인적인 용무를 볼 때만 직접 운전을 한다.

나는 평소 건강을 중요하게 생각해서 운동을 거르지 않

는 편이다. 코로나 시대에도 그런 생활 패턴의 덕을 본 것 같다. 교직원들은 모두 코로나를 피해 가지 못했지만, 나는 걸린 적이 없다. 한번은 가까이 지내는 윤OO 회장에게서 전화가 왔다. "심 회장이 죽었다"는 소문이 자자하다고 했다. 그는 건강한 내 목소리를 듣고는 앞으로 백수는 하겠다며 농담을 건넸다. 코로나 시대가 빚은 역설에 웃고 말았지만 타인의 불행을 가십거리로 삼아 즐기는 사람들의 정서를 어떻게 이해해야 할지 모르겠다. 우리는 지금, 아니 땐 굴뚝에서 연기 나는 시대를 살고 있다.

요양원 어르신들과 함께 생각하는 삶의 진리

내가 아는 최OO이라는 분이 있다. 그는 요양원 3곳을 잘 운영하고 있다. 입소하는 어르신들의 형편에 맞춰 요양원 시설을 A급 B급 C급으로 나눠 운영한다. 강의를 해 달라고 해서 여러 차례 요양원을 다녀왔다. 노인들이 지루하지 않도록 요양원 생활에 도움이 될 만한 이야기를 준비해서 찾아간다. 내가 주례를 서면서 했던 이야기를 어르신들에게 들려주기도 하는데, 어린아이처럼 웃는 표정이 행복해 보인다.

내가 분석한 부부 생활은 이렇다. 20, 30대 부부는 사랑으로 살고, 40, 50대 부부는 연인으로 산다. 사랑으로 사는 부부와 연인으로 사는 부부의 차이는 분명하다. 사랑으로 사는 부부는 사랑 앞에서 눈에 보이는 것이 없지만, 연인으로 사는 부부는 심적 안정기에 접어들었다고 할 수 있다.

60대 부부는 친구로 살고, 70, 80대 부부는 서로의 보호자로 산다. 보호자 관계란, 부인 건강이 안 좋으면 남편이 보호자가 되고, 남편 건강이 안 좋으면 부인이 보호자가 된다는 뜻이다. 자식은 보호자일 수도 있지만 먼 친척일 수도 있다고 말하면 어르신들이 눈물을 훔치기 시작한다.

요양원 운영자가 하는 말이 요즘 어르신들 면회는 아들, 딸, 며느리보다 손자, 손녀가 더 자주 온다고 한다. 내리사랑이 아니라 치사랑을 하는 셈이다. 부모와 자식 사이가 더 아득해지는 느낌이다.

인생을 살며 크고 작은 일들을 겪으면서 관심사도 변해간다. 20, 30대의 화제는 어느 대학을 나왔느냐이다. 어디를 가나 SKY대 나온 사람들의 목소리가 높다. 40, 50대는 직책이 무엇이냐를 중요하게 따진다. 60, 70대는 누가 재산을 많이 갖고 있는지, 누가 밥을 많이 사는지가 화제다.

  그러나 70대 중반을 넘어서면 누구에게나 건강이 최고다. 건강이 안 좋아 병원 신세를 지는 사람은 많은 것을 가졌어도 몽땅 헛것이다. 70대 중반부터는 재산과 건강, 둘 다 가져야 한다. 나이 먹어 재산이 없으면 고개 숙이고 살아야 한다. 인생도 젊을 때부터 설계를 잘해야 한다. 내가 성공해야 나이 들어서도 남을 도울 수 있다.

  나는 젊어서부터 인생을 사는 지표가 뚜렷했다. 성공하기 위해서는 자신의 삶에 대한 확고부동한 철학이 있어야 한다. 내가 하는 일에 최선을 다해야 남을 부릴 수도 있고 성공도 할 수 있다. 타인과 소통하기 위해서는 내가 많은 지식을 갖고 있어야 리더십도 발휘할 수 있다. 책을 많이 읽어야 누구와 맞서도 길이 보인다.

  나는 사람들을 만날 때 항상 5분 일찍 나간다. 약속에 늦게 나가면 상대방 시간을 빼앗는 것 같아 늘 서두른다. 아침 7시에 일어나서 8시 30분에 사무실에 출근한다. 항상 남보다 먼저 시작하고 날마다 지식 탐구도 게으르지 않으려고 노력한다. 세상을 살면서 가장 중요한 것은 남에게 인정받을 만한 사람이 되는 것이라고 생각한다.

6부   사랑하는 가족, 그리운 고향

1. 언제나 따뜻하게 보듬어준 가족의 울타리

　나는 경남 함안군 대산면 장암리에서 태어났다. 어린 날 기억으로는 아버지의 건강이 안 좋았다. 몸이 많이 아프셨다. 집안 형편이 어려워 병원에 입원도 못 하고 한약방에서 약을 지어다 드시곤 했다. 동네마다 돌팔이 의사가 있었다. 아버지는 그들에게 치료를 받았지만 낫지 않았다. 아버지 몸이 쇠약해진 것은 일제 때 일본으로 징용으로 끌려가 고생을 하고 오신 후유증 때문이다.

　아버지는 징용으로 끌려가서 이 모라는 친구분과 끌어안고 살아남자고 맹세했단다. 그렇게 서로 용기를 주며 살았다. 일본에서 낮에는 일하고 밤에 공부하는, 글자 그대로 주경야독을 했다. 몸이 파김치가 되어 공부할 수 있는 여건이 안 되는데도 두 분은 열심히 공부했다고 한다. 아버지는 중학교 1학년 정도를 마쳤고, 아버지 친구는 고등학교까지 마쳤다.

아버지 친구는 공부를 마쳐서 징용에서 풀려나고 해방 후 좋은 직업도 얻었다. 아버지는 조그만 땅도 없는 집의 가장으로서 숱하게 고생하며 살았다. 아버지 친구분은 우리집에 오면 아버지께 용돈을 쥐어주곤 했다. 나에게도 관심을 보여 공부 시켜줄 테니 열심히 하라며 머리를 쓰다듬어 주셨다. 가난 앞에서는 누구나 절박해진다는 것을 알았다. 나는 일찍 철이 들었다.

아버지가 몸이 안 좋으시니 어머니가 가장이 되어 농사일을 도맡아 하는 것이 늘 안쓰러웠다. 내가 다섯 살쯤 되었을 때다. 형 둘과 여동생 둘이 있었는데 갑자기 형 하나와 여동생 하나가 저세상으로 떠났다. 매일 슬퍼하는 어머니에게 물어볼 수도 없었다. 형과 여동생이 떠나는 것을 보면서 나는 가슴에 깊은 상처를 입었다. 어쩌면 나는 어려서 남다른 상처를 입었기 때문에 남과 다른 삶을 살았는지도 모른다. 가난과 맞물려 있는 고향집을 떠올리면 그래도 가슴이 따뜻해진다.

효자였던 공무원 형님, 오토바이 사고로 39살에 타계

내 고향에는 감나무가 많았다. 가을이면 어머니는 매일 새벽 4시에 일어나 홍시감을 머리에 이고 10킬로가 넘는 길을 걸어 남지장에서 감을 팔았다. 어머니가 집에 돌아오면 아침 먹을 때가 된다. 당시 큰형이 초등학교에 다닐 때였다. 나는 큰형을 많이 닮았다. 큰형은 공부도 잘 하는 모범생이었다. 부산 동아대를 나와 부산시청에서 근무했다.

지금 생각하니 형이 참 효자였다. 함안군청으로 자원해서 왔다. 부모님을 모시겠다고 도청으로 가지 않고 함안군청을 선택한 모양이다. 형수가 시골 생활에 적응하지 못해 어머니와 갈등이 적지 않았다. 형이 39살 되었을 때다. 함안군청 계장이 되었다. 형은 오토바이를 타고 함안군 대산면으로 출장을 갔다가 사무실로 돌아오면서 버스와 충돌해 사망했다. 너무나 안타까운 일이었다. 부모님은 자식 셋을 먼저 보내고 뻥 뚫린 가슴을 무엇으로 채우고 사셨을까. 어머니는 늘 당신이 죄인이라고 중얼거리시곤 했다.

형님은 함안군수로 거론되던 인물이었다. 많은 사람에게 칭송받는 젊은 공무원이었다. 그때 나는 30대 초반이었다.

형님 장례는 면민장으로 치렀고 1계급 추서했다. 형님 장례식은 불교식으로 진행했다. 형수가 불러 집례를 하는 사람들이 왔는데 일반 스님이 아니었다. 원불교 교무들이었다.

 형님 장례식장에 많은 사람이 운집해 애도했다. 나는 형제복이 없다. 하나밖에 없는 여동생도 60도 채 안 돼 고인이 되었다. 내 가슴을 많이 아프게 한 여동생이다. 친구들과 부부 동반으로 태국으로 골프를 치러 갔을 때였다. 엄마가 돌아가셨다고 조카들 전화가 빗발쳐서 중간에 돌아왔다. 공항에서 바로 서울 신촌 세브란스병원으로 갔다. 동생의 장례를 치러 줄 사람이 없어 결국은 내가 장지를 마련해 흙으로 돌려보내 줬다. 여동생이 떠나고 나서 나는 나의 일부가 된 상처를 꺼내지 않고 살았다.

원인 모를 병에 걸려 2년 동안 무당 할머니와 동거하다

 내 마음에는 또 한 가지 깊은 상처가 있다. 내가 여섯 살 무렵으로 기억한다. 나는 아파서 걷지 못하고 방에만 누워서 지냈다. 친척들이 와서 내 손을 잡고 울고 가곤 했다. 어느 날 아버지가 나를 업고 산속에 있는 반구정이라는 곳으로 데리고 갔다. 그곳은 우리 집에서 10킬로쯤 떨어진 곳이다. 반구정 앞에는 500년이 넘었다는 은행나무 한 그루가 서 있었다. 거기에 무당 할머니가 사는데 부모님이 나를 그 집에 맡겼다. 반구정 마루에서 첫날밤을 자는데 짐승 우는 소리가 들려 무서워서 잠을 잘 수가 없었다.

다음날 어머니, 아버지는 집으로 돌아가시고 무당 할머니는 나를 부축해서 데리고 다녔다. 나는 할머니 손에 의지하며 생활했다. 낮에는 할머니 때문에 못 울고 밤이면 혼자 울었다. 그곳에서 2년 정도 생활했다. 할머니는 매일 새벽 5시에 나를 깨웠다. 할머니는 은행나무 아래에 상을 차려놓고 그 옆에 나를 눕힌 뒤 신에게 살려달라고 빌었다. 매일 기도하면서 명태를 올렸는데 그 명태는 나중에 은행나무에 뚫린 구멍에 넣어주었다. 나는 그 명태를 구렁이가 먹는 것을 봤다.

2년쯤 지나면서 나는 조금씩 걷기 시작했다. 그 집에는 나와 비슷한 또래의 남자애가 있었는데 거동을 못 하는 나를 많이 도와주었다. 그때 나는 내가 잘 되면 할머니와 친구에게 빚을 갚겠다고 생각했다. 그런데 그 약속은 지키지 못했다.

어렸을 때 개구쟁이는 아니었지만 팔이 곪아 고생했던 기억이 난다. 돌팔이 의사가 매일 김치를 얹어 놓았다가 상처가 꾸덕꾸덕해지면 생살을 째고 고름을 빼는 치료를 했다. 너무 아팠다. 지금 생각해 보면 아프리카 어디쯤에나 있을 법한 이야기다. 내가 서른 살쯤 되었을 때 팔의 흉터를 수술했다. 그 후로는 반팔 옷도 입는다.

어머니는 늘 손이 큰 나를 보고 손발이 큰 사람치고 명 길고 잘 되는 놈 못 봤다고 했다. 그 말을 귀에 딱지가 앉을 정도로 자주 들었다. 어쩌면 그 말이 내 인생의 방향을 결정하게 만들었는지도 모른다.

형수님의 마지막 길을 배웅하고 원불교에 귀의하다

형은 아들만 셋을 두고 떠났다. 나는 그 조카들을 자식처럼 키웠다. 내가 학원사업으로 성공하면서 형님이 남겨두고 간 큰조카가 우리 집에 와서 학교에 다녔다. 자랑스럽게도 서울대 전자공학과에 합격해 신림동에 집을 마련해 서울로 이사해 형수님과 조카 3명이 함께 살았다. 형수도 40대에 돌아가셨다. 형수가 타계했을 때 큰조카가 대학교 4학년이었다. 형수가 돌아가시고 마포 원불교당에 모셨다. 마포 원불교에 최OO 교무가 계셨다. 나는 그분의 권유로 원불교로 귀의했다. 나의 원불교 법명은 심성진沈成眞, 법호는 장산長山이다. 원불교에 귀의하면서 교리를 따라 사는 것과 교무님들의 설법을 좋아하게 됐다. 내가 부처가 되기 위해 사는 것이 삶의 원리인데 나는 아직도 거기에 한참 미치지 못하고 있다.

어머니는 손발 큰놈이 잘 살지 못한다고 누차 걱정했지만, 나는 그것을 이겨내고 지금까지 잘살고 있다. 오히려 성공하고 출세할 수 있다는 것을 증명했다. 나는 가족의 생계 때문에 고생하는 어머니를 위해 내 일생일대의 도전장을 내밀었는지도 모른다. 방학하면 어머니를 돕겠다고 리어카에 농산물을 싣고 10킬로쯤 떨어진 창녕의 남지장까지 다니면서 영어 단어를 외웠다. 지금 생각해도 나는 지독한 공부벌레였다.

내가 '대강사'로 유명해진 이후에 어머니, 아버지가 서울에 한 번 올라오셨다. 어머니는 멀미가 심해 다시는 서울에 못 오셨다. 아버지는 세운상가에 있던 사무실 청송심씨대종회에 자주 오셨다. 가까운 형제끼리도 잘 지내지 못하면서 종친회에는 해마다 참석하는 아버지가 조금은 이해하기 어려웠다.

가난 때문에 빚어진 깊은 상처를 가족애로 보듬다

가난이라는 현실이 내 자존심을 무참히 짓밟기도 했다. 어머니는 내가 어렸을 때 10킬로쯤 떨어진 큰아버지 집에 가서 돈을 빌려오라고 나를 보내곤 했다. 그때 큰아버지는 면장으로 지내시며 잘 살았다. 나는 돈을 꾸러 갔다가 울면서 집에 돌아오곤 했다.

내가 사촌들과 가까워진 계기는 어머니가 아파서 남지병원에서 입원하셨을 때다. 나는 바빠서 자주 내려가지 못하고, 우리 부부는 일주일에 한 번씩 남지에 다녀오곤 했다. 어머니는 요양병원에 6개월 정도 계시다 돌아가셨다. 사촌형 집이 병원에서 1킬로 정도 떨어졌는데 매일 병원을 방문해서 어머니를 돌봤다. 그때부터 사촌들에게 마음을 열게 되었다.

아버지 살아생전 나는 아버지와 잘 지내지 못했다. 내가 아버지가 시키는 대로 하지 않았기 때문이다. 아버지는 시골에서 중학교를 마치고 근처 남지고로 진학하길 원했지만 나는 마산으로 진학했다. 3개월가량 자취를 하다 더 이상 경제적으로 감당이 안 되어 남지고로 전학하여 집에서 10km 정도 자전거를 타거나 걸어서 열심히 다녔다. 마산에서 선생을 할 때도 다시 서울로 간다고 아버지와 갈등을 빚었다.

서울에서 내가 스타강사가 되었을 때 아버지가 청송 심씨 족보 이야기를 하는 것도 짜증났다. 아버지는 조금만 아파도 택시를 불러 부산과 마산의 병원에 입원하곤 했다. 그런 아버지는 자식에게 고마운 마음이 없는 것 같았다. 그렇지만 아버지가 많이 아프실 때 우리집으로 모셨다. 어머니가 돌아가시고 난 후였다.

내가 68평 아파트에 살 때였는데 아버지 때문에 일하는 사람을 따로 두었다. 3개월 후 아버지가 시골로 가시겠다고 졸랐다. 나는 아버지와 약속했다. 요양원에 한 달 계셔보고, 싫으면 시골로 보내드린다고 했다. 요양원에 가시더니 "여기가 천국"이라며 좋아하셨다. 일주일에 한 번씩 아버지를 찾아갔다. 요양원 측에서 자주 안 왔으면 좋겠다고 했다. 아버지는 2인 1실에 계셨는데 다른 분들이 소외감을 느낀다는 것이었다. 아버지가 계신 4층에 14분이 계셨는데, 다른 분들 자식은 면회 오는 것을 거의 본 적이 없을 정도였다.

나는 아버지를 만나러 갈 때마다 다른 분들이 먹을 과일과 먹거리도 함께 챙겨 갔다. 함께 계신 어르신들의 자식들 전화번호를 알아내 송파에 사는 분들 4명에게 전화를 했다. 요양원 이야기를 하면서 부모님께 면회를 다녀야 하지 않겠느냐고 권유했다. 그런 일이 있은 후, 자녀분들이 면회를 다니게 되었다. 참 잘한 일이구나 생각이 들었다.

1년에 한 번 사촌에 손주들까지 모여 '가족의 날'을 기념한다

 이제는 돈이 아니라 가치와 기쁨으로 충만한 삶을 살고 싶다. 내 가치관이 달라지고 사촌들과도 자주 만나 정을 나눈다. 집안의 대소사에도 빠지지 않고 참석하려고 노력한다. 나는 집안의 조카들 사이에서 '삼촌'으로 통한다.
 앞에서 언급했듯 아버지와 큰아버지는 경제적 차이로 빚어진 갈등으로 사이가 좋지 않았고, 사촌들끼리도 앙금이 남아있었다. 나도 그런 상처로부터 자유롭지 못해 친척들보다는 이웃들과 정을 나누며 살았다.
 그런데 사회생활을 하며 많은 사람과 어울리다 보니 마음이 넓어진 탓일까. 이제는 사촌들의 애경사를 빠트리지 않고 챙긴다. 심 씨 문중의 일도 잘 챙기려고 한다. 내가 교육자로서 이룬 사회적 역할을 높이 산 선배, 후배, 주위 분들, 제일영재입시학원에 근무하거나 근무했던 모든 분께서 주례를 부탁하면 흔쾌히 수락한다.

  우리 집안에는 내가 주최하는 보기 드문 모임이 있다. 1년에 한 번씩 사촌들과 손자 손녀들까지 모두 모이는 '가족의 날'이다. 멀리 있는 친척은 이웃사촌만도 못하다는 속담이 있는데 이런 모임을 갖다 보니 6촌들 얼굴과 이름도 다 알고 지낸다. 사랑은 내리사랑일 때 마음이 더 풍요로워지기 때문이다. 우리 가족들은 함께 교류하며 조건 없는 행복을 나눈다. 그것이 친척 형제들과 잘 어울려 살게 된 이유일지도 모른다.

  둘째 조카 결혼식 때 '아들 심대용'이라고 청첩장을 보냈더니 하객 2,500여 명에, 축하 화환이 300여 개나 왔다. 나와 소주라도 한 잔 했던 사람들은 다 오지 않았나 싶다. 첫째 딸 희정이 결혼식 때도 잠실 롯데호텔에서 했는데 하객이 2,000명쯤 왔다. 역시 잠실 롯데호텔에서 올린 둘째 딸 혜정이 결혼식에도 수많은 하객이 와서 축하해 주었다. 잔치 때마다, 사람들과 어울려 사는 즐거움을 느끼곤 한다.

나는 손주 4명의 할아버지, 가족은 무엇이든 나눌 때 더 행복하다

나는 한 가지만큼은 확실히 안다. 삶은 무엇이든 서로 나눌 때 배가된다는 것을. 형님 내외가 두고 간 큰조카는 내가 아버지 역할을 제대로 못 했는데도 앞서 소개했듯 서울대 전자공학과를 나오고 역시 서울대를 나온 아내와 만났다. 큰조카와 며느리는 나에게 참 잘하고 있다. 큰조카의 아들이 미국으로 유학갔는데 1년에 한 번씩 올 때마다 얼굴보며 손주와 할아버지 정을 나누며 소주도 한잔한다. 요즘은 새싹들이 자라나는 것을 보는 즐거움으로 산다. 큰조카가 선물한 손자와 작은조카가 선물한 중학교 다니는 손자, 큰딸이 선물한 손자와 손녀 등 나는 모두 4명의 할아버지다.

내가 살면서 후회스러웠던 것은 어머님을 서울로 모시지 못한 것이다. 시골 요양원에 계시다 돌아가셨다. 어머니 장례를 창녕군 남지읍에서 치렀는데 조문객이 1,500명 이상이 올 정도로 많은 사람이 시골까지 와서 위로해 주었다. 조화가 300여 개나 들어왔는데 서울에서도 조문을 많이 왔다. 조문을 못 오는 사람들이 꽃을 보냈는데, 지방이라서 꽃집에 꽃이 동이 날 정도였다.

함안경찰서 정보과에서 확인차 나왔다. 청와대에 근무하는 사람이 상을 당한 줄 알았다고 했다. 가수 김세OO부터 탤런트 이름이 붙은 조화들이 즐비한 것을 보고 시골 사람들이 모두 놀랐다. 내 삶에 따뜻한 마음을 보내준 사람들에게 감사한다.

산다는 것은 시간과 공간 사이 사람을 스쳐 가는 것

부모님은 우리를 기다려 주지 않는다. 장인어른은 내가 성공하기 전에 일찍 돌아가셨다. 청산학원에 근무할 때 돌아가셨기에 최선을 다해 잘 모시는 데 며칠을 보냈다. 경북 경산에 사셨는데 말년에는 서울에서 병원에 입원해 계시다 돌아가셨다. 장모님은 95세까지 사셨는데 수원의 실버타운으로 가시겠다고 해서 그곳에 모셨는데, 편안하게 잘 지내시다 이 세상 소풍을 끝내셨다.

나에게는 처남이 셋 있다. 큰처남은 동덕여대 디자인학과 교수를 했다. 유명한 디자인 교수였다. 둘째 처남은 대원고등학교에서 교장으로 퇴임했다. 막내 처남은 제일영재학원에서 15년을 근무했다. 나에게는 이모님이 두 분 계셨다. 막내 이모님은 서울에 사셨는데 자녀들이 경제적으로 넉넉지 못했다. 나는 이모님에게 내 고향집에 가서 사시라고 했다. 이모는 아버지 어머니를 모시고 집안 살림을 하며 정답게 살았다. 나는 매달 부모님과 이모 용돈을 따로 챙겨 보내드렸다.

 어머니가 돌아가시고 아버지마저 서울로 모셔 오자 이모는 시골에서 혼자 사셨다. 어머니 같은 이모님이 혼자 고향집을 지키고 살던 20년 동안 나는 꼬박꼬박 생활비를 보내드렸다. 90세가 되어 건강이 안 좋아 서울 아들집으로 오셔서 생을 마감하셨다. 모진 삶이었지만 그나마 말년에는 내 고향집에서 편안하게 사셨을 것이라고 나는 믿고 있다.

성공을 위해 가볍게 여겼던
가족과의 시간으로 늘 미안한 마음이다

 아내는 나를 만나 정신적으로 고생을 많이 했다. 내가 평범하게 살지 않았기 때문이다. 나는 자녀들하고 놀아 준 적이 없다. 시간이 나면 책을 보거나 학원에 가서 보충수업을 했다. 손님처럼 살았던 나는 아내와 자녀들에게 지금도 미안하게 생각한다. 가정을 돌보다 보면 내 목적을 이룰 수 없어서 내 가족은 늘 뒷전으로 밀어놨다. 고맙게도 아내는 내가 챙기지 못한 자식들과 부모님에게 참 잘했다. 잔정이 없는 나는 그런 아내에게 따뜻한 말 한마디도 건네지 못했다. 시간에 쫓겨 바쁘다는 말을 입에 달고 사는 나를 오히려 아내가 챙겨줬다. 목표만을 추구한 건조한 삶이었지만 천사 같은 아내를 만나 성공적인 말년을 보내고 있다.

가족은 얼어붙은 마음과 세상풍파로 찌든 몸을 녹여주는 힘이 있다. 평생 사랑한다는 말 한번 못한 바보로 살았지만 다시 태어나도 아내와 결혼할 것이다. 다음 생에서는 연인처럼 살며 행복한 삶을 선물하고 싶다. 지금 내가 사회봉사를 하며 성공한 인생을 사는 것은 아내와 내 자녀들의 덕분이라고 생각한다. 그리고 어려운 환경이었지만 어릴 적 나에게 꿈을 준 어머니의 사랑도 나를 여기까지 오게 했다. 등록금 걱정을 하는 나에게 어머니는 늘 "최선을 다해 살면 길이 열린다"고 격려하셨다.

2.   모교는 내 정신적 DNA의 원점

초등학교 다닐 때는 겨울이 너무 추웠다. 손발이 꽁꽁 얼어붙는 추위에도 나는 6킬로를 걸어서 학교에 다녔다. 아침에 등교할 때 땔감으로 나무를 한 묶음씩을 들고 갔다. 가져간 화목으로 난로를 지펴 교실을 덥혔다. 초등학교를 졸업하기 전에는 정부에서 주는 조개탄을 땠다. 나무보다는 화력이 좋았지만 오래된 건물이라 단열이 잘 안되어 춥기는 마찬가지였다.

그 시절 정부에서 지원하는 옥수수 가루가 왕성한 식욕을 달래주는 죽으로 탈바꿈했다. 담임 선생님이 난롯불로 옥수수죽을 만들어 학생들에게 나눠줬다. 한국전쟁이 끝나고 먹거리가 풍부하지 않아 늘 배고프고 팍팍했던 시절이었다.

당시 경남 함안군 대산면에는 초등학교가 4개 있었다. 3개가 없어지고 지금은 대산초등학교 한 곳만 남았다. 한 교실에 80명 이상이 공부하던 콩나물시루였다. 한 학년에 반이 6개 정도였다. 나는 공부를 잘하는 편이었다. 어머니가 "늘 아파서 내팽개쳐 놓은 놈이 공부는 잘해서 다행"이라고 했다. 부모님들은 너무 고생을 많이 하셨다. 넉넉하지 않은 살림에 자식들 먹이고 공부시키시느라 정작 당신들의 삶은 없었다.

부모님은 자식을 잘 키워서 잘 살게 만들겠다는 일념으로 근면하고 성실하게 사셨다. 유난히 자식에 대한 애정이 많으셨다. 할머니가 살아계셨는데 큰집에 살다가 가끔 우리집에 오셨다. 손주들을 귀하게 여기셨기에 형님과 나를 보러 오시는 거였다. 할머니가 어디 가서 점을 보고는 내가 크게 될 것이라는 이야기를 들었다고 했다. 할아버지는 뵌 적이 없지만 할머니는 내가 초등학교 때 돌아가셨다.

.

"제대로 가르쳐 달라"고 데모했다가 정학당한 삼총사

내 고향 함안군 대산면 장암리에는 500여 가구가 살았다. 집에서 가까운 도시가 마산이었다. 초등학교를 졸업하고 마산시에 있는 중학교에 들어가는 학생이 10명 정도 되었다. 마산중학교에 진학하려면 공부를 잘하거나 부모님의 경제력이 있어야 했다. 우리 동네에서는 5명 정도가 중학교에 진학했다. 시골 초등학교에서 중학교의 장학생으로 들어가는 것은 아주 힘든 일이었다.

나는 아버지에게 마산중학교 시험을 보겠다고 했는데 아버지는 반대했다. 경제적인 문제 때문이었다. 결과적으로 나는 눈물을 삼키고 대산중학교 시험을 봐서 합격했다. 대산중학교는 학년별로 4개 반이 있었다. 끼니를 걱정하던 시절이라 중학교 진학을 못 하는 학생들이 더 많았다.

나는 대산중학교에 들어가 1학기 시험을 치렀는데 반에서 1등을 했다. 졸업할 때까지 반장을 하며 학교생활에 충실했다. 나는 친구들의 권유로 전교 학생회장에 입후보했지만 떨어졌다. 학교 간부로는 대대장, 선도부장이 있었는데 선생님 추천으로 선도부장이 되었다. 이OO 학생회장, 최OO 대대장과 함께 나는 학교에서 삼총사로 불렸다.

당시에는 가르치는 것이 부족한 선생들이 많았다. 우리는 공부를 제대로 배우고 싶다며 의기투합해서 데모를 했다. 학생들과 모의해서 수업 중에 모두 교실 밖으로 뛰쳐나가자고 했다. 그 결과 선생님들 세분이 바뀌었다.

삼총사는 1주일간 정학을 당했다. 그러나 담임 선생님의 선처로 우리는 다시 교실로 돌아와 공부에 매진했다. 꿈이 서로 달랐던 우리는 사회에서 각자의 역할을 하며 잘 살아왔다. 이OO는 포철 상무이사를 지냈고, 최OO는 군 장성으로 예편했다. 그때 우리에게 꿈을 주신 김OO, 황OO, 김OO 선생님이 생각난다. 특히 김OO 선생님은 청년 시절에 가끔 찾아뵈면 따뜻한 밥을 사주시며 꿈을 잃지 않도록 응원해 주셨다.

내가 중학교에 다닐 때 함안에는 전기가 들어오지 않아 밤늦게 공부하다가 조는 바람에 등잔불이 넘어져 불이 나기도 했다. 잠과 싸우며 꿈을 키우던 그 시절이 그립다. 고향 가는 길에 대산중학교에 한 번 찾아갔다. 나를 키워 준 정다웠던 교정은 옛 모습을 잃고 현대적인 모습으로 바뀌어 있었다. 나는 낡은 교문을 새 교문으로 공사하여 교체해 주고 빚을 갚았다는 느낌이 들었다.

윤OO 대산중학교 이사장님이 제일영재학원을 방문하기도 했다. 윤 이사장님 부탁으로 같은 재단인 칠원고등학교 신입생 모집 시험지를 10년 동안 제일영재학원에서 제공해 주기도 했다. 장학생 선발을 위한 영어, 수학 시험지도 10년 동안 만들어서 보내줬다. 그런 인연으로 나는 대산중학교 졸업생 중에서 유명인사가 되었다. 초대 이사장을 기리는 윤효랑기념관에서 대산중학교 안내 버튼을 누르면 학교를 빛낸 사람으로 내가 제일 먼저 뜬다.

이 세상에 오르지 못할 나무는 없다

중학교 때 수학여행을 가는데 아버지가 집안 형편이 어려우니 가지 말라고 하셨다. 최OO 담임 선생님께 아버지 말씀을 전달했더니 반장이 수학여행을 못 가면 어떻게 하느냐고 난감해하셨다. 담임 선생님 덕분에 억지로 수학여행을 다녀왔다.

중학교 3학년 때 태풍 사라호가 우리나라를 관통하며 전국을 휩쓸었다. 추수할 곡식들이 엉망이 되어 최악의 흉년이 되었다. 그 당시 가을쯤 되면서 우리에게 고민거리가 생겼다. 고등학교를 마산으로 가느냐 마느냐는 고민이었다.

경제적인 문제 때문에 마산으로 유학을 가는 친구들은 많지 않았다. 대산중학교에는 4개 학급이 있었다. 마산에 있는 고교는 마산고, 마산상고, 마산공고, 창신고 등 4개였다. 성적이 좋아야 갈 수 있는 마산고 원서를 대산중학교에서는 나를 포함해 4명에게만 써줬다. 마산고를 포함해 친구들 예닐곱 명이 마산에 있는 고등학교 시험을 치렀지만 3명만이 합격했다. 그중에 나도 들어있었다. 수업료를 내고 실제로 등록한 친구는 2명이었다. 1명은 합격은 했으나 결국 포기했다.

나는 등록금을 내고 나서 밤새도록 울었다. 아버지에게 부담을 주는 것이 미안했지만 합격의 기쁨은 감출 수가 없었다. 나는 마산에서 자취를 하며 학교에 다녔는데 가정 형편이 너무 어려워서 결국 3개월쯤 다니다가 집에서 가까운 창녕의 남지고등학교로 전학했다.

전학한 남지고등학교는 시골집에서 10킬로쯤 떨어져 있어 자전거를 타고 통학했다. 비가 오면 도로와 논에 물이 차서 자전거를 탈 수가 없었다. 그럴 때면 새벽 4시에 일어나 용화산을 넘어서 5시간 걸려 학교에 갔다. 그 어려운 여건에서도 결석을 한 번도 안 해 3년 개근상을 받았다.

　남지고등학교의 각 학년은 4개 반으로 3개는 남학생반, 1개는 여학생반이었다. 나는 이를 악물고 공부해서 전교 1등을 놓치지 않았다. 2학년 때 친구들의 추천으로 전교 학생회장에 입후보했다. 압도적으로 당선돼 중학교 때 못했던 전교 학생회장의 꿈도 이뤘다. 그때 학교 대표로 웅변대회에도 나가 상을 많이 받았다.

내 영혼을 키워 주신 스승들께 카네이션을 바칩니다

　남지고등학교 박OO 선생님의 교육철학은 나에게 많은 꿈을 주었다. 선생님은 내 얼굴이 밝지 못하다고 말하면서 나를 다독이곤 했다. 힘든 여건을 이겨내야 출세한다고 당부하시던 말씀이 지금도 내 가슴에 새겨져 있다. 선생님은 내가 불확실한 미래 속에서도 큰 꿈을 꾸게 만들었다. 수업에 들어오셔서도 공부만 가르치는 것이 아니라 꿈을 가져야 한다며 우리를 자극했다. 한 번은 선생님이 나를 빵집으로 데리고 가서 이런저런 이야기를 나누며 많은 용기를 주셨다. 선생님의 격려는 내게 큰 힘이었다. 경남 통영의 충렬여자중고등학교로 전근을 가셔서 교장으로 퇴임하시고 몇 해 지나지 않아 돌아가셨다. 선생님은 정년 후 우리 학원에 자주 오셔서 제자의 삶을 대견하게 바라보시곤 했다.

중학교 때 데모로 정학당한 삼총사를 도와준 김OO 선생님의 은혜도 잊지 못한다. 내가 보답할 기회도 주지 않고 선생님은 너무 일찍 돌아가셨다. 내게 인생의 목표를 심어준 남지고등학교 박OO 선생님도 고맙다. 중학교 때 담임 선생님이었는데, 남지고등학교로 전학을 가니까 그곳에 계셨다. 선생님은 가끔 내게 용돈도 주시곤 했다. 훌륭한 은사님들의 사랑은 스쳐 지나가는 듯하지만 영원히 내 가슴에 남아 오늘의 나를 만들었다.

나는 남지고등학교 총동문회장을 맡기도 했다. 지방이라 남지고등학교가 논술선생을 구하지 못해 어려울 때 내가 교통비를 주면서 제일영재학원 논술선생을 2년간 파견했다. 4개 학급 학생 모두를 강당에 모아놓고 강의했는데 해마다 서울대에 4, 5명씩 보내고 있다.

남지고등학교 선생님 3분과 학생 5명이 제일영재학원에 와서 일주일간 견학도 하고 수업도 들었다. 나는 모교 교직원을 대상으로 교육방법을 강의하기도 했다. 매년 3월경에 모교 3학년을 대상으로 입시전략 설명과 공부하는 방법도 강의했다.

지금도 남지고 친구들을 만나 많은 이야기를 나누지만 그 중에서도 삼일제지에 몸담았던 이OO 선배, 섬유업에 종사하는 황OO 선배, 신OO 재단 이사장님과는 자주 만나 식사를 한다. 부부 동반으로 만나는데 내가 총무를 맡고 있다.

**고혈압으로 8개월 만에 제대하고
마산에서 교사생활하다 꿈을 찾아 서울로**

나는 고교를 졸업하고 고려대학교에 응시했지만 낙방하고 말았다. 가정 형편이 너무 어려워 재수도 하지 못하고 겨울에 군에 입대했다. 논산훈련소에서 신병교육을 마치고 하사관 요원으로 차출돼 40개월 과정의 고된 교육에 들어갔다. 그러나 한 달쯤 되었을 때 훈련을 받다가 쓰러져 논산의 군인병원에 입원했다.

나는 가족력으로 혈압이 높았다. 어머니가 당뇨와 고혈압을 앓았는데 나에게 물려 주셨던 모양이다. 당시는 고혈압을 앓는 사람은 군대에 가지 못했다. 결국 8개월간 군대 생활을 하고, 군 병원의 검사를 거쳐 건강상의 이유로 군복을 벗었다(제대 후의 일은 내가 서울역에 도착했을 당시를 회고하는 제1부의 앞 대목에서 자세히 언급했다).

3. 고향은 언제나 안부를 묻고 싶은 곳

　동네 어르신들이 불편해하는 것을 찾아 도와드리는 것도 즐거움이다. 대산면사무소 소재지의 노인정에 에어컨도 놓아드리고 생활용품도 보내드리곤 했다. 적적하지 않도록 취미생활에 필요한 학습 도구들도 보내주며 행복하시냐고 안부를 묻곤 했다.

　내 고향 함안군은 수박이 유명하다. 하우스에서 길러내는 함안 수박은 수박이 흔해지는 여름철에 한발 앞서, 늦은 봄에 출하하기 때문에 몸값이 비싼 편이다. 오래전 이야기다. 함안군에서 수박특산지로 지정해달라고 행정자치부에 청원했지만 3번이나 떨어졌다. 그때 군수와 주민대표들이 나를 찾아왔다. 내가 돈을 들여 행정자치부 고위직을 만나 수박특산지로 지정되게 애써달라고 요청했다. 고위직을 만나 자료들을 다시 살펴보고 검토하겠다는 말을 듣고 돌아왔다.

며칠 기다리고 있을 때 함안을 수박특산지로 지정해서 지원하겠다는 연락을 받았다. 고향은 축제분위기였다. 고향 사람들의 숙원을 푸는 데 한몫했다는 생각에 나도 가슴이 벅찼다. 그때 특산지로 지정되면서 보조금 40억을 받았는데 지금도 수박은 함안 수박을 제일로 쳐준다. 수박이 익어갈 무렵이면 수박 농사를 짓는 친구들이 한 덩이씩 보내줘 맛보곤 한다.

나의 정서는 언제나 고향과 맞닿아 있어 행복하다

"잘 지내지? 언제 밥이나 한번 먹자"고 안부를 묻는 친구들이 있어 마음은 늘 고향으로 달려가고 있다. 중학교 친구 홍OO은 지적공사 이사로 퇴임했고, 전OO은 한수원 사장을 지냈다. 수O, 상O, 병O이 친구들과는 등산도 하고 술잔도 기울인다. 한 번은 청계천을 걷다가 방산시장 빈대떡을 먹으며 어린 시절 추억에 잠기기도 했다. 가끔 시골에 가면 수박

농사짓는 친구들과 어울려 추억을 안주 삼아 소주잔을 기울인다. 창원에서 자동차학원을 하는 손OO이라는 친구를 만나면 인생 이야기를 하느라 수다 삼매경에 빠진다. 특히 시골엔 최OO이라는 사촌이 있다. 시골가면 최OO와 동네 조OO라는 분과 함께 밥먹고, 대화하며 옛날얘기하는 재미가 대단하다. 친구 송OO와 오OO도 가끔 만나곤 한다. 서울에서도 허OO, 김OO, 신OO 친구 등과도 가끔 만나 정담을 나누기도 한다.

고향 친구들은 파크골프를 한다. 나도 파크골프 채를 사서 같이 게임을 하기도 한다. 어린 시절 내 고향 함안에는 놀거리가 없어 공부만 했는데 문화적 환경이 많이 달라졌다. 고향 사람들은 몸이 아프면 송파구 풍납동에 있는 서울아산병원에 입원하기를 바란다. 입원도 시켜드리고, 차비도 드리고, 병원비도 지원하고, 잠도 재워서 보내곤 한다. 친구의 자식들이 입사 시험의 면접에 떨어져 울상일 때도 뒷바라지했다. 나는 고향과 맞닿아 있다는 느낌이 들 때 행복하다.

이제 일손을 놓은 지금 나를 돌아보는 방법과 성찰하는 방식이 많이 달라졌다. 나를 지탱하는 가치의 순위도 달라졌다. 요즘은 일삼아 고향에 자주 다닌다. 친구들과 어울려 파크골프도 하고 맛있는 음식도 나누며 세월을 낚는 재미가 쏠쏠하다. 내가 고향에 자주 드나들 때는 어머니가 마산의 파티마병원에 입원해 계실 때였다. 그런 나를 보고 사람들은 효자라고 말했지만 돌볼 수 있는 기회를 얻은 것만도 축복이라고 생각한다.

4. 함께라서 더 큰 존재로 도약하는 청송 심 씨 청심회

청송 심 씨 대종회 안에 청심회가 있다. 20년 전에 발족하여 회원이 80명 정도 된다. 국회의원, 중앙부처 국장급 이상, 기업 CEO, 사업가, 언론사에 종사하는 사람들로 청송 심 씨 일가들의 모임이다. 분기별로 모이는데 부정기적으로 청송 심 씨 집안의 역사와 내력을 알기 위해 유명인사를 초빙하여 세미나와 초청 강연회를 갖기도 한다.

얼마 전에는 대우조선에 부사장 일가가 우리를 초대하여 그 지역을 여행하고 세미나를 가졌다. 우리는 만나면 호칭을 일가라고 한다. 회원들은 일가들의 경조사나 모임이 있으면 100% 참석한다. 선거철이 되면 출마하는 사람을 응원하기 위해서 선거사무실을 방문하여 금일봉을 전달하며 당선을 기원한다. 청송 심 씨 일가들 사이에는 여당 야당이 없다. 당이 달라도 서로 돕고 의지하며 산다.

인천에 가면 큰 물류회사를 운영하고 있는 일가가 있다. 그분이 청심회 회장을 지내기도 했는데 일가들을 초빙하여 회사를 소개하며 뜻 깊은 시간을 가졌다.

시조 묘가 있는 청송에서 일가들의 만남을 갖는다. 코로나가 오기 전 2019년 시제에 전국의 일가들 5,000여 명이 모였다. 조상의 음덕을 기리며 일가끼리 화합하는 자리이다. 작년에는 7,000명이 전국에서 모여 청송 심 씨의 단합된 모습을 보여주었다.

일가의 날에는 조상 묘에 참배도 하고 여러가지 행사를 한다. 청심회 회원들이 헌신적으로 도와 커다란 행사가 가능했다고 생각한다. 그날 SBS 방송국에서 나와 이색적인 현장을 촬영을 했다. 보청기회사 사장이 보청기를 여러 대 기부하여 선물을 나누며 분위기가 훈훈했다. 해마다 자체적으로 돈을 모아 사회봉사 활동을 많이 하기도 한다. 2023년엔 익산의 2세조 묘소 참배도 하고 고창군수님의 초청으로 고창투어 및 연수를 하기도 했다. 청심회 4대 회장을 맡아 열심히 일가들을 챙겼다.

  대종회 안에는 청송 심 씨 골프회가 있는데 내가 회장을 맡기도 했다. 처음 기반을 만드느라 힘이 들었지만 보람이 있었다. 청송 심 씨 대종회 골프는 심OO 형님과 함께 기반을 다지는 데 한 몫을 했다. 매달 4번째 화요일에 라운딩을 한다. 우리는 만나면 호칭도 서열을 지키며 부른다.

  대종회 안에 청송 심 씨 장학재단도 있다. 장학재단 이사도 맡고 있다. 대학생과 대학원생에게 장학금을 지급한다. 청송 심 씨 대종회 이사도 맡아 대종회 일에 제법 열심이다. 청송 심 씨 종보를 발행하여 일가들의 소식을 주고받으며 일가의 소식을 접하는 것도 청송 심 씨의 자랑이다. 2024년 7월에 150호를 발행하여 심문의 자랑이기도 하다. 2021년 7월호에는 '롤 모델이 될 만한 사람 심재안 이사장의 특별 인터뷰'가 실리기도 했다. 가족이라는 뿌리로 연결된 청송 심 씨 가문에 늘 행복이 넘쳐나길 바라는 마음이다.

7부   이제야 삶이 보이는 지금,
나머지 삶은 소풍나온 듯 살고 싶다

1. 내 마음의 밭에는 행복이 자라고 있다

내 생일은 1월 초순이다. 생일에는 손자 손녀까지 12명의 가족이 모여 벽제갈비에서 식사를 한다. 나를 통해 세상에 나와 잘 살아내고 있는 가족들에게 고마워서 밥값은 내가 낸다. 2023년 여름 방학 때는 미국에 있는 손자가 나와 전 가족이 모였다. 손자에게 "차가 필요하면 사주겠다"고 했더니 "내가 벌어서 살 테니 할아버지는 걱정하시지 말라"고 했다. 손자가 "앞으로 제가 할아버지께 효도할 테니 건강하세요"라고 해서 마음이 뭉클했다. 무엇보다 인성이 반듯한 모습이 나를 뿌듯하게 했다.

나는 내성적이라 평소에는 속내를 잘 털어놓지 못하고 술이나 들어가면 한마디씩 한다. 말치레보다는 정으로 사는 편이다. 나는 아무런 인연이 없어도 어렵게 사는 사람, 능력이 부족한 사람을 보면 그 결핍이 너무 애처롭다. 그래서 때로는 넓은 오지랖의 대가를 치르느라 피곤하기도 하다.

반면 나는 가족들에게는 너무나 사무적이다. 지금까지 아내에게 사랑한다는 말을 해본 기억이 별로 없다. 조카나 딸들은 내가 무섭다고 한다. 잔정이 없어서 가까이 지내지 못한다. 딸이나 조카들이 아버지가 정도 많고 좋은 사람으로 생각하고 지금이라도 대화를 많이 나눠보고 싶다고 마음먹었단다. 하지만 막상 나와 마주 앉으면 할 말을 잃는다고 했다. 나이가 조금만 젊으면 사고를 바꿔 가족들 정서에 맞는, 격의 없는 대화도 나누며 화기애애한 분위기를 만들고 싶은데 안타깝다.

나는 특별한 일이 없으면 밤 11시 지나면 잠자리에 든다. 푹 자고 아침 7시면 기상한다. 먼저 30분 정도 반신욕을 하고 20분 정도 운동기구로 운동을 한다. 아침에는 사과 1쪽, 삶은 달걀 1개, 과일 주스 1잔으로 에너지를 충전한다. 출근 준비가 끝나면 날마다 잊지 않는 것이 있다. 옷 방에 걸려있는 어머니 아버지 사진을 보고 잘 다녀오겠다고 인사를 하는 것이다. 집안에 모신 부처님께도 목탁을 두드리며 좋은 일만 있게 해달라고 기원한다.

　특별한 일이 없으면 약주는 하지 않는다. 내 주량은 소맥 2잔이다. 하지만 분위기에 따라 주량이 늘어나기도 한다. 한 잔 하면 지나간 세월도 생각나고, 과거에 인연을 맺었던 사람들도 필름처럼 지나간다. 술은 늘 집념으로 무장하고 사는 나를 부드럽게 풀어놓아 세상의 다른 맛을 느끼게 한다. 기억 저편에 있는 일들을 생각하면 행복해진다. 미래가 불확실했지만 열심히 노력하며 살았던 그 시절이 행복으로 다가온다. 친구들과 가끔 골프를 치는데 비거리가 많이 줄어 재미가 없다. 그러나 친구들과 소주잔을 기울이며 같이 할 수 있는 기회가 만들어지기 때문에 골프를 계속하는 것 같다.

2. 부모님과 추억을 만들지 못한 아쉬움

 나는 애달프게도 아버지 어머니와 함께한 추억이 없어서 아쉽다. 내가 어릴 때는 일하는 부모님만 봤던 것 같다. 사춘기에도 부모님과 대화할 기회가 없었다. 가족사진도 없다. 아버지는 고집이 센 분이라 말씀을 거역하기 힘들었다. 나는 일주일에 한 번 만나도 마루에서 아버지께 큰절을 올리고 방에 들어가곤 했다. 그런 아버지와 나는 마음의 거리를 좁히기가 어려웠다. 어쩌면 딸들이 나와 마주 앉으면 할 말을 잃는다는 느낌을 나도 아버지에게서 느꼈던 것 같다. 골프 라운딩이라도 하면서 내 마음 바로 옆에 딸들을 둬야겠다는 생각을 한다.

돌아보니 어머니와도 큰 추억이 없다. 어려서부터 몸이 많이 아픈 나를 늘 걱정하시던 어머니 목소리가 나를 감싸 안는 느낌이다. 어머니는 일에 치여 손이 갈퀴가 되는 줄도 모르고 사셨다. 자식을 위해서 희생만 하시다 돌아가신 어머니가 오늘따라 사무치게 그립다.

말년에 병원에 계실 때 내가 면회 가면 어머니는 하고 싶은 말을 마음 깊이 넣어 두었다가 꺼내시는 것 같았다. 소소한 일들을 꺼내며 나와 오래 이야기를 나누고 싶어 했다. 가끔은 내 손을 잡고 울기도 하셨다. 천국에서 잘 계시리라 믿고 있다. 자립심이 강한 어머니가 고향집을 지키고 계실 때 좀 더 자주 보살펴 드리지 못한 것이 지금도 못내 아쉽다.

말주변이 없는 나는 장모님과 장인어른과도 특별한 추억이 없다. 장인어른이 일찍 돌아가시는 바람에 따뜻한 대화 한 번 못 나눠봤다. 장모님이 술상을 차리라고 하면 처남은 술을 못 마셔서 처남댁과 술잔을 기울이며 사위 역할을 했다.

지금 되돌아보니 양가 부모님과 추억을 만들지 못한 것을 많이 후회한다. 나는 못 했지만 주변의 젊은이들에게는 부모님과 특별한 추억을 많이 쌓으라고 주문한다. 인생은 한낮의 꿈과 같다는 말을 귓등으로 들었는데 이제 세월의 속도가 피부에 와 닿는다. 가부좌를 틀고 앉아 잡생각을 버리고 나에게 집중한다. 오늘도 주변의 모든 사람이 건강하고 행복했으면 좋겠다는 바람을 담아 목탁을 두드리며 발원한다.

나는 마음 부자로 살고 싶다. 주변에서 나를 성공한 사람이라고 말한다. 고난과 절박함을 이겨내고 얻은 성공이지만 혼자만 누려서는 안 된다고 생각하며 산다. 사는 일에 지친 사람들에게 마음을 내어 주는 것을 행복으로 여기며 산다. 나도 인생의 겨울을 향해 가고 있다. 그렇지만 내 마음의 밭에는 행복이 자라고 있다.

인생의 마지막을 새롭게 연출하고 싶다

가을이 깊어가고 소슬바람에 옷깃을 여미는 계절이 왔다. 벌써 한 해를 마무리 하는 2024년 7월 중순을 지나고 있다. 나는 매일 오후 3시면 늦은 햇살을 받으며 올림픽공원에 운동을 하러 간다. 공원 둘레길 걷기를 하고 마무리 운동으로 올림픽선수촌아파트 옆 고수부지 체력단련장에서 운동기구들을 이용한다. 평소와 같이 평행봉을 올라가다 손을 헛짚어

넘어졌는데 허리가 너무 아파서 움직일 수가 없었다. 119에 실려 병원으로 이송되었다.

  입원을 하자 움직이지 못하는 나를 보고 엑스레이를 찍자고 했다. 나는 갈비뼈에 이상이 있으면 어쩌나 걱정이 되었다. 다행히 뼈가 부러진 것은 아니고 금이 갔다는 진단이 나왔다. 통증은 있지만 얼마나 다행인가. 10일간 꼼짝을 못했다. 재활의학과에 치료하러 드나들며 한의원에 가서 침도 맞고 부항을 뜨며 예전처럼 마음대로 움직일 날을 기다리고 있었다.

3. 원인 모를 배가 아파 알게 된 생과 사의 갈림길에서

설상가상이라고 해야할까. 원인을 모르는 배가 아파 동네 병원에 갔더니 피검사와 초음파를 찍어 보자고 했다. 피검사도 이상이 없고 초음파에도 이상이 없으니 CT를 찍어보라고 했다. 석촌역 CT영상의학과에 가서 촬영을 했는데 뭔가 의심쩍어 하더니 내일 다시 한 번 찍어보자고 했다. 다음날 6시간 금식하고 촬영을 했는데 담담하게 원장님이 이야기를 했다. 폐암이라는 진단을 내렸다. 4.5센치 정도 되는데 진료의뢰서를 써주면서 동네 탑 내과에 가서 다시 한 번 진료를 받아보라고 했다. 시티촬영 복사본을 탑내과에 제출했더니 큰 병원으로 가라고 해서 진료의뢰서를 들고 아산병원에 진료를 접수했다. 소화기내과와 호흡기내과 진료를 예약을 하려고 하니 올해는 진료를 받을 수가 없었다. 급한 상황이라 아는 사람을 통해서 겨우 진료를 접수했다.

소화기내과에서는 췌장에 생긴 물혹 같으니 1년 후에 보자고 하고 호흡기내과에서는 정확하게 폐암이라고 했다. 진단을 받고 한 달 후로 입원 날짜를 잡고 앞이 캄캄했다. 내게 주어진 운명은 여기까지 인가보다 생각하고 입원하기 전 가족들을 모아 놓고 유언을 했다.

조직검사를 하면서 15가지 정도 검사했다. 검사를 왜 그렇게 많이 하느냐고 물었더니 폐암이면 항암치료를 할 수 있는 체력이 되는지 알기 위해서라고 했다. 검사 결과 항암치료를 할 수 있는 체력이 된다고 했다. 사람에게는 각자 주어진 운명이 있는데 나에게 행운의 여신이 찾아와 잘못된 것을 바로 잡아주는 느낌이었다.

한달 후에 병원에 입원을 했다. 전이가 됐을 가능성이 99%라는 어처구니가 없는 현실 앞에서 내가 어떤 행동을 취해야 하는지 생각했다. 길어야 3, 4개월 남은 인생이면 연말쯤까지 생명 연장을 할 수 있을 것 같아 이제 모든 것을 내려놓고 유언을 하는 것이 답이었다. 조직검사 결과 암이 아니고 폐결절로 판명이 되었다. 천만다행이었다.

죽음을 받아들일 마음의 준비가 필요했다

 나에게 죽음이 당도했다고 하면 죽음을 받아들일 수 있는 마음의 준비가 필요했다. 의사들과 많은 대화를 하고 올 연말에 죽는 다는 가정을 했을 때 한 달 쯤 지나니까 죽음을 마음으로부터 받아들일 수가 있었다.
 그때 느낀 것이 나이를 의식하지 않고 새롭게 살겠다는 생각이었다. 모든 것을 받아들이면서 조심하고 병하고 싸워서 이겨야 한다. 결과적으로 병에게 지지만 시간을 얼마나 연장시키는 것이 인생이라는 생각을 했다.
 죽음이 나를 데리고 간다고 해도 아쉽고 후회되는 것은 없었다. 참 열심히 살았다는 생각이었다. 만약 연말쯤 죽는다고 해도 휴대폰에 있는 전화번호로 부고장을 보내지 말라고 자녀들에게 당부를 했다. 가족들이 조용하게 장례를 치르면 되는 것이지 남에게 알릴 필요도 없다고 했다. 나는 열심히 살아서 후회는 없지만 내가 85세까지 살고자 했는데 80세까지라도 살았으면 좋겠다는 생각을 했다.

　만약 암이라면 아산병원에서 항암치료를 하고 나와서 3개월 정도 오금동이나 방이동 쪽에 암을 캐어하는 한방병원에 입원을 하여 식사요법과 면역주사를 맞으며 암을 이겨낼 생각도 했었다. 암환자들이 집단으로 살고 있는 병원에도 들러보았다. 거기서 건강정보도 얻고 양양에 가서 살면서 바닷바람이 환자에게 좋으니까 3일은 서울에서 생활을 하고, 3일은 양양에서 생활을 하려고 4월 10일 선거가 끝나면 양양에 가서 살 집을 알아보았다. 양양에 가면 바닷바람을 맞으며 맨발 걷기를 해야겠다는 생각을 했다.

4. 덤으로 사는 인생, 바닷바람 맞으며 느린 햇살과 벗하며 살으리랏다

또 어느 분이 정보를 주는데 영랑호 근처가 좋다고 해서 아파트를 알아보러 갔다. 병원 치료가 끝나면 여름 지나 가을쯤 되어 속초에 전셋집을 하나 얻어 1주일에 3, 4일을 머물 생각도 갖고 있다. 나의 와병 소식을 가족 외에 아무에게도 알리지 않았는데 최○○라는 친구에게는 말을 하려고 했다. 우리는 서로의 생일에 밥을 사며 우정을 나눠왔는데 4월 초 친구 생일에 벽제갈비에서 밥을 먹으면서 이야기를 하려다, 막상 맞닥뜨리니까 말이 나오지 않았다. 얼마 전에 만나 이야기를 했더니 친구가 눈물을 흘리며 천만다행이라고 나를 붙잡고 울었다.

덤으로 얻은 삶, 청춘은 아니지만 시간의 지배를 벗어나 꿀처럼 달콤한 것들로 채우려 한다. 가장 가까운 곳에서 나를 만나 시작보다 끝이 더 많은 인생의 오후를 설렘과 희망으로 맞이하고 싶다.

8부 심재안 이사장의 특별한 도반들

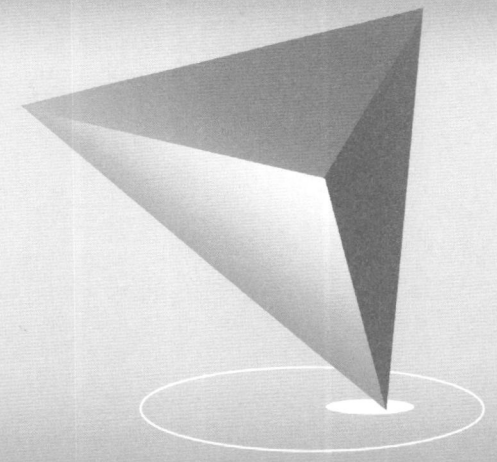

나의 친구 심재안

저자의 친구 최상재

　언제나 불러도 정겹고 다정한 이름입니다. 어릴 때부터 시도 때도 없이 불러왔으니 지겹고 싫증 날 만도 하지만 전혀 그러하지 않음은 그가 지금껏 살아온 삶의 궤적 때문이리라 생각도 됩니다.

　수십 년 전 전기도 보급되지 않았던 시골구석에서 자라오면서 찢어지게 가난했던 시절 초등 및 중학교를 같이 다니며 동고동락했던 70년 지기의 모습을 지켜본 저로서는 남다른 감회가 떠오르지 않을 수 없습니다.

　또래에 비해 키가 크고 포용력이 컸던 그는 언제나 어려운 일을 마다 않고 앞서서 해결하려 했고 어릴 적 있을 수 있는 사소한 싸움에도 모나지 않게 해결하였습니다. 서로 간의 화해를 도모하는 남다른 친화력을 가져 많은 친구들이 그를 따르며 유난히 좋아하던 친구였습니다.

이러한 그의 성품이 훗날 그를 만든 원동력이 되었을 것입니다. 철모르던 초등학교 시절을 지나 중학교에 진학한 후에는 각 초등학교에서 온 제법 키가 크고 덩치가 좋은 학생들 중에서도 리더가 되어 당시 학교에서 실력과 능력이 부족한 교사 퇴출 운동에도 앞장서서 이끌었습니다. 마침내 성공하여 학교 역사에 하나의 커다란 족적을 남겨 학교의 명예를 드높이는 계기가 되었습니다. 이후 그는 모교 중학교에 대하여 남다른 애정을 기울여 학교 발전을 위한 장학 활동에도 심혈을 쏟아부었습니다. 또한 다른 학생의 모범이 되도록 자기 자신부터 솔선수범하겠다는 생각으로 선도부장이 되어 저학년과 동급생의 비위나 불량 행동을 지적하여 시정하게 하고 학교의 품위와 전통을 이어가게 하는 등 부단한 애교심을 발휘하였습니다.

이후 고등학교는 집안 형편에 따라 각각 다른 길을 걷게 되었습니다. 그곳 학교에서도 특유의 친화력과 리더십으로 3년 내내 우수한 성적을 거두었으며 특히 수학 과목에서 두

드러진 성적을 나타내었는데 이 탁월한 성적이 후일 그가 있게 하는 원동력이 되었으리라 봅니다.

제가 사관학교를 다니는 기간 중에 그는 준교사 자격시험에 합격하여 마산의 어느 학교에서 교직에 종사하다가 마침내 뜻한 바 있어서 상경하여 그때부터 시골 촌놈의 서울 생활이 시작되었습니다. 말이 서울 생활이지 비정하기 짝이 없는 서울의 학원가에서 유명 강사가 된다는 건 끈질긴 노력 없이는 결코 만만한 일이 아니었을 겁니다.

쉼 없는 노력으로 일약 수학 스타강사로 도약한 그는 마침내 자신의 영역을 구축하고자 송파에서 영재교육을 위한 새로운 길로 접어들어 오늘날의 친구가 있게 된 전환점이 되었습니다. 송파지역 내에 계속 거주하면서 교만하거나 비굴하지 아니하고 지역사회 발전을 위해 약자 편에서 늘 덕을 베풀기를 좋아하고 문화원장을 역임하면서 문화예술 분야에도 기여한 바가 있습니다.

제가 현역으로 군 생활을 하는 중에도 언제나 변함없는 관심으로 전·후방 어디를 근무하더라도 방문하여 격려하며 부대원의 사기를 진작시켜 주고 가는 후덕한 형 같은 존재였습니다. 이렇듯 친구가 자기 자신에게 엄격하고 성실하게 노력하면서 스스로 실력을 갈고닦는 가운데 주변의 상하 동료와 가족을 무한히 사랑하며 살아 온 평범하지만 진솔한 인생살이가 우리의 가슴에 뭉클한 감동으로 와닿았습니다.

  그런 의미에서 이 책은 한 인간의 이야기이면서 서로 다른 삶을 살아가는 우리 모두가 공감하고 공유하기에 충분한 인생 기록이라 생각되어 모든 분에게 일독을 권하고자 합니다.

30대에 만나 35년 우정을 나눈 내 친구 심재안

저자의 친구 신승렬

　심 회장과 나는 1988년 아파트 위층과 아래층에 살면서 만났다. 이웃에 사는 부인들이 먼저 만남을 하고, 실 가는 데 바늘 간다고 남편들도 함께 모여 6 부부가 형제처럼 지냈다.
　그 당시 나는 직장생활을 했고 심 회장은 학원을 운영했다. 자녀들도 한두 살 터울이라 서로 어울리며 자랐다. 서로 대소사를 챙기면서 사는 6가족이 경남 함안의 심 회장 아버지 팔순연에 참석을 하기도 했다. 심 회장은 고향 함안에 대한 애정을 많이 갖고 있다. 지금의 함안 수박이 지역 특산물이 된 것은 심 회장 역할이 컸다고 생각한다. 중앙으로부터 지원금을 받아 함안 수박 육성단지를 만들었다. 마음 품이

넓은 친구의 삶은 나에게 귀감이었다.

심 회장은 조카의 혼주 자격으로 잠실 롯데호텔에서 결혼을 성대하게 시켰다. 형님이 일찍 타계하여 두고 간 두 조카를 가르치고 키우는 모습에서 남다른 인간애를 느끼기도 했다. 조카들의 사돈과도 좋은 관계를 유지하고 있다고 들었다.

자신의 아들도 아닌데 최고의 호텔에서 결혼을 시키며 초청장에도 조카라 하지 않고 아들로 청첩장을 만들었던 것으로 기억한다. 하객들도 많아 성대한 결혼식이었다. 우리 6가족도 그때 결혼식에 참석했다. 언제나 그의 인간적인 면모는 우리를 감동하게 했다.

우리 우정이 더욱 돈독해진 것은 2008년 내가 사업에 실패한 후다. 나는 친구에게 말도 못하고 중국으로 떠났다. 나는 쑤저우 삼성전자 공장 근처에서 설렁탕 장사를 하다 힘들어 하는 아내를 보고 5년 만에 돌아왔다.

내가 중국에서 5년을 보내는 동안 6가족의 우정도 소원해져 흩어졌지만 우리는 남아 서로가 필요할 때 마음의 안식처가 되어 준다.

심 회장은 한번 약속은 끝까지 지키는 의리의 사나이다. 그는 주변의 힘든 사람들에게 늘 격려와 희망과 용기를 주는 친구다. 한번 맺은 인연을 소중하게 여기는 친구와 나눈 가슴 저린 이야기가 생각난다.

베풀기를 좋아하는 친구는 함안 고향마을 사람들이 서울 큰 병원에서 진료받을 수 있도록 돕기도 했다. 송파구에 있는 아산병원에 예약을 하고 근처에 숙소를 마련해 주어 진료하도록 도와준다. 오른손이 하는 일 왼손이 모르게 하는 것도 많을 것이라는 생각이다.

우리는 둘이서 자주 만나 이런저런 이야기를 하며 세월을 낚는다. 그는 내가 사는 상계동으로 약속 장소를 정하고 매번 나를 만나러 온다. 언젠가 내가 송파에 가서 술 한잔 하고 돌아오는데 친구는 지하철을 타러가는 나를 끝까지 바라보고 있었다. 아마도 지하철을 타러 가는 나의 뒷모습이 쓸쓸해 보였던 모양이다. 그 후부터 약속 장소를 상계동으로 바꿨다. 상계동에 오면 밥값은 내가 내려고 노력한다. 심 회장이 그것을 허용하는 것은 내 자존심을 살려주기 위함이라고 생각한다.

언제나 친구는 나를 짠하게 바라본다. 나는 그런 친구의 배려가 늘 가슴 따뜻하게 느껴진다. 약자에게 겸손한 친구는 너무나 인간적이어서 고개가 숙여지게 한다. 큰마음을 가진

부자다. 너의 뒤에는 늘 내가 있다는 느낌으로 나를 지켜보는 친구가 있어서 나는 늘 든든하다. 무엇이든 지원을 하겠다는 친구의 마음을 늘 받고 느낀다.

세월의 무게와 현실의 장막을 뚫고 우리는 서로를 바라본다. 우리는 지극히 현실적인 조언을 건네기도 한다.

친구 사이가 돈독한 것은 서로를 위한 배려가 필요하다는 생각을 한다. 심재안이라는 친구를 만난 것은 나에게 행운이다. 우리는 서로 좋은 친구가 되기 위한 노력을 한다.

나는 건강해야만 일도 하고 친구를 만날 수 있을 것 같아 등산을 다니면서 관리하고 있다. 친구와 나는 마음뿐만 아니라 흐르는 피도 닮은 것 아닌가 하는 생각한다.

가끔 우리는 오후 5시 상계동 롯데백화점에서 만나 2시간 소주를 나누며 인생을 이야기하고 헤어진다. 우리 인생도 오후 5시에 머물러있다. 그 시간은 서로 용기를 충전하는 시간이다.

제일영재 임원으로서 20년 이상 지켜본 회장님

제일영재이사 심대용

　현재 제일영재입시학원에서 20년 동안 회장님과 함께하기 이전이었습니다. 내가 초등학교 시절 시골집에서 회장님이 서울에서 내려온다는 소식에 3일 동안 기다린 기억이 납니다. 처음 뵈었을 때 회장님은 아주 정감이 넘치는 인상이었습니다. 그렇습니다. 회장님은 내가 어릴 때부터 정이 많았던 분입니다. 시간이 흐르면서 모든 가족에 대한 책임감이 얼마나 컸을지 지금에서야 알 수 있습니다. 가족에 대한 책임감이 현재의 회장님이 될 수 있는 밑바탕이 아니었나 짐작하고 있습니다. 어릴 적 9시 뉴스에 회장님께서 방송에 나오는 것을 보았습니다. 어린 시절이지만 자랑스럽고 대단한 분이라는 생각을 하였습니다.

어느덧 세월이 지나 20년 전 송파구에서 유명한 제일영재입시학원에 입사하게 되었습니다. 처음 제일영재입시학원에 입사했을 때 모든 교직원이 칼처럼 움직이는 모습이 인상적이었습니다. 조금 시간이 지나 이처럼 체계화되어 움직이는 모습이 이해가 되었습니다. 회장님의 뚜렷한 학생을 위한 철학, 조직을 움직이는 카리스마, 경영을 위한 결단에 따른 것이라 생각이 들었습니다. 교직원들도 회장님의 일에 대한 열정이 대단하다고 하였습니다. 송파구에서 아주 유명한 학원에 재직한다는 것은 대단한 자부심을 느끼게 하였습니다.

하루하루 바쁘게 살아가는 회장님은 학원 경영과 대외적인 사회 활동에도 아주 적극적으로 하였습니다. 매일 남들보다 우선하여 움직이고 좌고우면하지 않는 모습에 깊은 감동을 받았습니다. 회장님 사무실에 있는 많은 상패, 위촉장, 대통령 표창, 국민훈장목련장 수훈, 장영실교육문화대상 등을 보면 열심히 활동하였던 모습에 존경심을 가지곤 합니다. 바쁜 일상 중에도 사회 헌신과 봉사를 위해 노력하였고, 현재도 어려운 학생들에게 장학금을 후원할 정도로 진실한 헌신과 봉사는 회장님의 생활 철학이 아닌가 합니다.

"어떻게 저렇게 열정적으로 움직이고 행동할까?"

회장님의 평소 말씀에 답이 있었습니다. 항상 생각하고 구상하고 실천하고 멈출 수 없는 열정이었던 것 같습니다. 한 계단, 한 계단씩 난관을 극복하면서 매 순간 생각하고 지혜로운 경영 결단을 통해 이뤄낸 제일영재입시학원에 대한 자부심이 대단할 뿐만 아니라, 집념의 선구자 같은 분이라 생각됩니다.

제가 본 회장님은 남들 보다 앞장서서 "하자"라고 외치는 분입니다. 그러면 곧 학원과 사회 활동에서 남들보다 앞서는 길이 되고, 리더로서 인생의 각 단계에서 최고로 살기 위해 노력한 면면이 현재의 회장님을 존재케 하였을 것입니다. 회고록을 출간하면서 삶에 대한 열정이 느껴지는 것 같습니다.

회고록 출간이 지난날의 회상과 추억이 아닌 앞으로 인생 2막의 새로운 도전의 시작점이 아닐까 생각합니다. 회고록 출간을 진심으로 축하드리며 오래오래 건강하고 진실되며 좋은 길만 있으시기를 바랍니다.

수행비서로서 15년간 같이 생활한 회장님

제일영재관리부장 안광섭

　제가 제일영재입시학원에 기사로 입사했을 때가 15년 전 여름이었습니다.

　처음 회장님을 뵈었을 당시에는 과묵하고 잘 웃지 않으셔서 모시고 다닐 때는 바짝 긴장해서 실수한 적도 있었고, 업무 적응하는데 상당히 어려움을 겪었습니다.

　회장님의 삶을 전체적으로 알 수는 없었지만, 수행기사로서 모시다 보니 학원 업무 외 많은 모임을 하는 모습에 정말 바쁘고 열정적으로 살아가고 계신다는 것을 알았습니다.

　개인적으로 오랫동안 모시다 보니 정도 많고 이해심도 많으신 분이란 걸 알게 되었습니다. 이런 회장님과 제일영재입시학원에서 일하는데 자긍심을 갖게 하였습니다.

회장님은 평소 시간관념이 정확하신 분입니다. 약속 시각은 항상 정확하게 지키시고 출근 시간도 15년 동안 항시 정시 출근하였습니다. 이러한 정확함과 스스로 원칙을 세우고 실천하는 것과 근면 성실함이 제일영재입시학원이라는 대형학원으로 크게 키우고 성공하신 밑거름이 아니었을까 생각합니다.

그리고 회장님께선 학원 업무 외 사회봉사 활동도 많이 하셨습니다.

한국체대, 창덕여고, 안양 평화의 집 보육원 등에 장학금을 후원하시고, 학생들을 격려하시며 더 성장하도록 항상 좋은 말씀을 해주시는 것을 보며 인간적인 면이 많으시다고 느낀 적이 많습니다. 회장님은 남을 배려하며 모든 일에 앞장서시는 철저한 리더였습니다.

송파문화원장, 송파경찰서행발위원장, 송파세무서 세정협의회장, 민주평통 회장 등을 하시면서 지역사회 발전을 위해서 헌신하시는 모습을 보면서 존경하는 마음을 갖게 되었습니다.

회장님께서 어떤 파란만장한 삶을 살아왔는지 직접 자세

히는 듣지 못했지만 활동하시는 모습을 보면 어느 정도 짐작할 수는 있었습니다.

이제 자서전을 쓰면서 어떤 이야기를 풀어낼지 궁금하지만 실패한 인생도 성공한 인생도 회장님에게는 소중한 의미가 있지 않나 생각합니다.

2023년 11월 회장님은 운동하시다가 허리를 다쳐 고생하면서도 상대방을 배려하는 모습을 보면서 철저한 분이구나 하는 마음을 갖게 하였습니다.

회장님께서는 같이 식사하는 경우 꼭 저까지 챙겨주시는 배려심에 항상 고마움에 더 잘 모셔야 할 텐데 하는 마음이 들곤 합니다. 항상 건강하시고 하시는 일이 잘 해결되어 큰 웃음이 나오는 그날까지 회장님 곁에 있겠습니다.

이 세상에서 일곱 번 태어난 인생을 바라보는 시선

계간현대수필 편집장 김상미

헤르만 헤세는 '인간은 자연에 던져진 돌'이라고 했다. 우리는 어떤 존재로 결정되어 이 땅에 태어나는 것이 아니라 살아가면서 성장하고 만들어지는 존재다. 자연에 던져진 돌이지만 인간이 되기 위해 스스로 노력해야 한다. 자기실현을 하려고 최선을 다하는 과정에서 고민이 생기게 된다. 나는 왜 태어났고, 어떤 일을 해야 하며, 어떤 길을 가야 하는지 모르기 때문이다. 끊임없이 질문하고 답하는 과정에서 생각하지 못했던 문제를 발견하고 진실에 접근해가는 것이 인생이라는 생각이다.

내가 만난 심재안 전 송파문화원장은 자신이 가야 할 길을 스스로 결정하고 선택하여 책임지고 나아가는 사람이었다. 내가 송파문인협회 사무국장으로 있을 때 송파의 문화에 대하여 심도 있게 고민하고 방향을 제시했던 원장님은 처음이었다. 문화원과 문인협회가 함께 백일장을 개최하고 세미나와 시화전시회를 열어 구민들에게 문화 서비스를 했던 기억은 지금도 나에게 따뜻한 기억이다.

무엇보다 문화원 건물이 오래되어 규모에 비해 사용할 공간이 부족하였다. 최대한 활용 공간을 확보할 수 있도록 리모델링하여 교실을 만들고 문화 강좌를 개설하였다. 일반인들 발길이 뜸 했던 문화원이 베이비붐 세대들의 이모작 삶을 준비하는 공간이 되었다. 은퇴 후 산이나 공원에서 시간을 보내던 사람들이 문화원에 개설된 다양한 프로그램을 수강하면서 안락한 미래를 만드는 꿈의 공간이 된 것이다.

문화원은 나에게도 꿈을 꾸는 공간이었다. 여러 문화강좌가 개설되면서 나도 문예창작 교실을 개설하였다. 문학을 지도해야겠다는 생각은 있었지만 용기가 없던 내게 원장님은 강의를 하라고 하시며 수업계획을 작성하여 제출하라고 했다. 원장님은 많은 사람들에게 자기다운 삶을 하도록 길을 열어주는 안내자였다.

매주 강단에 설 때마다 나보다 높은 연배의 수강생들이 인생을 문자로 옮겨 쓰면서 자기를 들여다보는 것을 볼 때 강단을 내준 원장님이 고마웠다. 더러는 40대가 있었지만 남편과 학생들로부터 자유로워진 50, 60대가 강의실을 메웠다. 무료한 시간에 문학수업이나 들으러 온 것일지도 모른다. 그런데 읽어야 할 텍스트를 제시해 주면 모두 숙제를 잘 해오는 학생들이었다.

텍스트를 읽고 자신의 인생 이야기를 꺼내 놓으며 눈물을 흘리며 고백하던 모습은 문학을 넘어 자신을 찾아가는 모습으로 보였다. 그들은 문단에 등단들 하여 작가로 새 이름을 얻고 새롭게 태어났다. 지혜로운 리더가 단체장이 되면 많은 사람들에게 행복을 안겨줄 수 있다는 것을 심재안 문화원장님을 보고 느꼈다.

우리는 행복에 대한 지나친 집착과 안락한 미래에 대한 욕망으로 허송세월을 보내는 것 아닌가 하는 생각을 해본다. 눈앞의 이익에 눈이 멀면 존재가 왜소해진다. 그러나 자신을 초월해서 다른 사람, 다른 것에 자신을 던지는 삶은 쉽지 않다. 그것은 영웅의 면모라고 생각한다.

심재안 전 문화원장님은 교육자로 가르치는 일에 헌신하

면서 경제적으로 어려워서 공부를 할 수 없는 학생들에게 용기를 주는 것에도 앞장섰다. 장학재단을 세우고 어려운 학생들에게 장학금을 주며 꿈을 키우도록 했다. 체육 특기자에게 마음 놓고 운동에 전념하도록 지원해 준 것은 대한민국에 올림픽 금메달을 안겨주는 승리였다.

생명이 있는 우리에게는 삶이 요구하는 것이 있다. 늘 새롭게 태어나는 전 송파문화원장님의 인생을 보면서 아틸라 요제프가 생각났다. 요제프는 헝가리 민중시인이다. 그는 가난한 집안에서 태어나 온갖 고생을 다하며 자랐다. 그의 이력서를 보면 과외 선생, 시인, 선박 급사, 신문 배달원, 번역가, 공사장 인부 등 수많은 직업을 전전하였다. 그에게 가난과 불운은 삼킬 수 없을 만큼 쓴맛이었을 테지만 사람은 요람에서 무덤까지 가는 동안 일곱 번 태어나 일곱 겹으로 살아야 한다는 긍정의 메시지를 남겼다.

심재안 전 문화원장님은 지금까지 살아오는 동안 몇 겹의 인생을 마주했을까. 누군가에게는 몸이 부서지도록 강의를 연구하는 사람, 가난한 사람들이 세상을 이기도록 도와주는 사람으로 기억될지 모른다. 그의 삶에 대한 애틋한 애착이 내게도 진하게 전해오는 듯하다.

그는 참 순한 사람일 것 같다. 그는 빈방 창호지 문으로 찾아온 햇살같이 맑은 사람일지도 모른다. 새로 피는 잎처럼 잎맥이 다 보일 듯한 영혼을 가졌을 것 같기도 하다. 나는 그를 생각의 힘을 잘 사용하는 사람으로 기억한다.

큰 재능은 물과 같아 성급하게 쓸모를 들어내지 않는다. 큰 재능을 가진 사람은 애써 명성과 자리를 탐하지 않는다. 큰 사람은 그 안에 빛이 있어도 없는 듯 말하고 행동한다. 나는 그런 모습을 심재안 전 문화원장님에게서 보았다.

인생을 한 권의 책에 담아내기에는 지면이 부족할 텐데 자양분만 문자화하여 ≪나는 성공했다≫를 엮어내신 것을 진심으로 축하드린다. 독자들이 인생의 진리에 접근해가는 책이 되기를 바라는 마음이다. 심재안 전 문화원장님의 인생 제2권도 기다려진다.

2024년 염천을 건너는 길목에서

행복했다고 말하지 않아도

큰딸 희정

봄이 작은 걸음으로 다가온다. 아파트 화단에서 작은 생명들의 봄을 지켜보면서 내 모습도 작년과 다름을 감지한다. 크고 작은 시간의 경험은 인생의 중요한 축이 된다. 어느새 오후의 빛 속에 서서 서성이는 내 그림자를 보고 놀란다.

어린 시절 나는 아버지와 부녀간의 정을 깊이 나눌 시간이 없었다. 아버지는 학생들을 가르치고 학원을 경영하는 일로 바빠 가족들과 살가운 정을 나눌 기회가 없었다. 인생을 집념으로 살아가는 아버지를 보면서 "높이 나는 새가 멀리 본다"는 〈갈매기의 꿈〉에 나오는 말을 나도 가슴에 새기며 살았다. 높이 나는 새로 살아간다는 것은 자신이 살아가고 있는 세상이 어떻게 구성되어 있고 내가 어디쯤을 어떻게 날고 있는지 점검할 수 있어야 한다. 그것이 행복을 좇아 사는 삶이라는 것을 나는 은연중에 느낄 수 있었다.

아쉬움이라면 아버지와 좀 더 많은 사랑을 나누며 자랐다면 세상이 다르게 느껴졌을 것 같다. 하지만 내가 세상을 향해 날갯짓을 하며 꿈을 꿀 때 묵언의 아버지의 바람을 피부로 느끼며 자랐다. 사람답게 살면서 나답게 살 수 있어야 한다는 것을 느끼게 했다. 강물이 어디로 흘러가는지 알면서 흐르는 것처럼 나도 어떻게 살아야 하는지 스스로 길을 찾아 내 역량 밖의 일은 탐하지 않으며 살아왔다. 그것은 아버지의 딸이어서 가능한 것이었다는 생각을 한다.

내가 결혼하여 자식을 낳고 살다 보니 젊은 날 아버지와 함께 인생의 문제를 나누고 좀 더 진지하게 고민하지 못한 것이 아쉽다. 그랬다면 내 개성을 잘 발휘할 수 있는 삶을 살지 않았을까 싶다.

아버지는 자신의 행복보다는 가족의 행복을 우선으로 두고 사셨다. 어려서는 늘 엄하고 바쁜 아버지의 부재가 싫었지만 인생을 알만한 나이가 되어서야 아버지의 삶이 얼마나 크고 위대한 것인지 피부로 와닿는다. 아버지의 희생과 끊임없는 고생과 노력이 없었다면 지금의 내가 있을 수 있었을까.

아버지라는 이름을 떠올리면 존경이라는 말로는 다 표현이 되지 않는다. 아버지는 나에게 든든한 산과 같은 분이다. 아버지가 살아온 길을 나도 뒤따라 가고 있다. 니체는 인간을 건너가는 존재라고 말했다. 나는 아버지를 뛰어넘는 삶을 살기 위해 끊임없이 공부하고 깨닫고 성장하려고 노력하는 중이다.

아버지가 쌓아 놓은 토대 위에 내 삶을 올려놓고 미래를 개척해 나가는 즐거움으로 살고 있다. 좀 더 오래오래 아버지가 나를 지켜봐 주었으면 하는 바람이다. 얼마 전 아버지 건강에 문제가 생겨 가족들이 마음고생을 했다. 오진으로 나와 천만다행이었다. 아버지의 나머지는 건강한 모습으로 소풍 나온 인생을 즐기며 사셨으면 좋겠다.

지금까지 살아오면서 운명에 직면해 마땅히 가야 할 길을 걸어오신 나의 아버지는 이 시대의 영웅이다.

아버지 사랑합니다. 자서전을 내시게 된 것 축하드리고 오래오래 건강하시기를 기도합니다.

2024년 2월 큰딸 희정 올림

할아버지 손녀라서 행복해요

11세 손녀 서진

나의 멋진 할아버지는 모두의 롤 모델이 될 수밖에 없는 사람이다. 그래서 나는 이 세상에서 할아버지를 제일 존경한다. 할아버지는 가족을 위해 열심히 일하셨고 상도 많이 받으셨다. 무엇보다 할아버지 집에 가면 표창장과 감사패를 많이 볼 수 있다. 그것을 보면 얼마나 좋은 일을 많이 하셨는지 알 수가 있다. 표창장들이 할아버지에게 잘살았다고 박수를 쳐주는 것 같아 나도 기분이 좋아진다.

내가 할아버지를 좋아하는 이유는 여러 가지가 있지만 그 중에서도 나에게 좋은 말씀을 많이 들려주시는 것이다. 할아버지가 말씀하실 때마다 나는 귀를 쫑긋하게 세우고 듣는다.

친구들에게 좋은 친구가 되려면 친구들의 이야기를 많이 들어주라고 했다.

그래서 공부도 열심히 하고 엄마·아빠 말씀도 잘 듣고 많은 대화를 하려고 노력도 많이 한다. 동생과도 틈날 때마다 많이 놀아주고 있다. 나는 동생이 너무 좋다.

가끔 엄마는 할아버지가 무섭다고 하지만 나는 할아버지가 좋다.

가끔 할아버지를 만나면 어떤 말씀을 해주실까 궁금하기도 하다. 할아버지 손녀라서 참 좋다. 얼마 전에는 철봉에서 떨어져 많이 아프셨다. 나는 울면서 기도했다. 또 입원하신 적도 있다. 지금은 건강하셔서 너무 좋다. 이번에 책을 출간하신다 하니 너무 기대되고 기다려진다.

할아버지 책 출간을 축하해요.
제가 커서 여행도 시켜드리고, 맛있는 것 많이 사드릴게요.
할아버지 건강하세요.

2024년 5월 손녀 서진 올림

9부

심재안 이사장 기고문 중에서

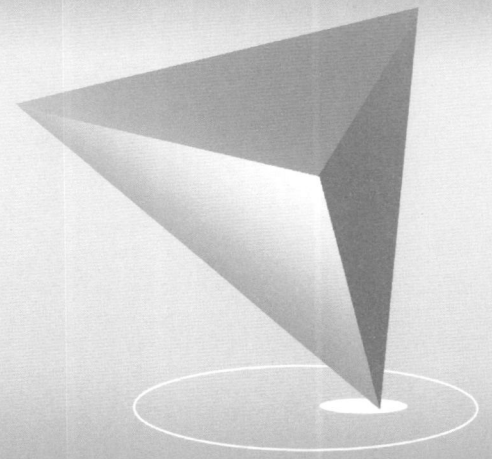

1. 사회공헌과 피그말리온 효과

불교에서는 보살(菩薩 : 대승불교도)의 실천 덕목인 육바라밀六波羅蜜 가운데 제1의 덕목인 보시布施라는 것이 있습니다. 보시布施란 자비慈悲의 마음으로 다른 이에게 아무런 조건 없이 베풀어 주는 것을 뜻합니다.

베푸는 것에는 재물로써 베푸는 재시財施와 석가의 가르침, 즉 지식이나 재능 등으로 진리를 가르쳐 주는 법시法施, 두려움과 어려움으로부터 구제해 주는 무외시無畏施의 셋으로 구분됩니다. 이 보시布施가 현대사회에서 보면 사회공헌이 아닌가 생각합니다.

자기 자신이 벌어들인 돈 중 한 달에 단돈 천 원이라도 주변 사람을 도와줘야 하는 이유는 지금 내가 벌어들인 돈은 내가 소속된 이 사회의 많은 사람의 도움이 있었기 때문에 가능했다는 생각을 분명하게 해야 사회에 대한 감사함이 우러나서 나보다 못한 사람들에 대한 배려심이 커지고 그래야 주변 사람이 그 사람을 다시 존경하게 되고 더 많은 사람이 그 사람을 따르게 되면서 선순환될 수 있기 때문입니다.

또한, 자기도 모르게 사회에 조금이라도 공헌을 하고 나면 그렇게 마음이 뿌듯할 수가 없습니다. 뿌듯해지는 마음 자체가 자기에게 큰 영양분이 됩니다. 그래서 매일매일 "내가 더 열심히 해서 많은 돈을 벌고 더 사회에 열심히 뛰어서 성공하게 되면 더 많은 것을 더 많은 사람에게 돌려줄 수 있겠구나."라고 생각하는 사람들이 훨씬 더 성공에 다가갈 수 있는 가능성이 커집니다.

작은 것부터 실천하는 사람만이 나중에 진짜 성공했을 때 큰 것도 기부할 수 있습니다. 저도 나름대로 열심히 노력하고 있지만 가끔은 정말 어렵게 삯바느질, 족발집, 김밥 장사 등으로 평생을 살아오신 할머니들께서 수천만 원, 또는 수억 원씩 기부하는 것을 보면 부끄러움에 얼굴이 화끈거리기도 합니다. 저런 분들도 저렇게 하시는데 나는 아직도 많이 부족하다는 생각을 하게 됩니다.

'노블레스 오블리주'라는 말이 있습니다. 사회적 권력이든 물질적인 부든 '많이 갖고 있는 사람들이 사회적인 책임을 다해야 한다.' 또는 '책임을 다하는 사람이 사회적으로 고상하고 성공한 사람이다.'라는 뜻으로 사회 지도층의 도덕성 즉, 사회공헌을 나타내는 말입니다. 저는 지금까지 살아오면서 나름대로 노블레스 오블리주를 실천하기 위한 노력을 게을리하지 않았다고 자부합니다.

저는 21세기 지식산업의 근본이 되는 인재 육성을 위해 입시학원이라는 사교육 현장에서 특별한 교육시스템을 통해 훌륭한 인재 양성에 각별한 정성으로 교육계에 기여한 공로를 인정받아 2005년 4월 22일 사단법인 과학 선현 장영실 선생 기념사업회가 주최한 장영실교육문화대상을 수상하게 되었습니다.

특히, 과학기술인 교육을 위하여 그 기초 자원이 되는 초등학생, 중학생들에게 장학금을 지급해 과학 인재 육성에 최선을 다하고 있다는 공적을 인정받은 결과입니다. 저는 지난 20여 년 동안 꾸준히 제일영재학원을 사랑해 주시고 염려해 주신 학생들과 학부모님들이 계셨기에 명실상부한 강남구,

송파구, 강동구, 광진구의 대표 학원으로 성장할 수 있었다고 생각합니다.

학원에서 능력 있는 선생으로 인정받기 위해서는 끊임없이 연구해야 하고 틈나는 대로 교재를 연구해야 하며 학생을 위해 최선을 다하고 학생과 호흡해야 한다는 신념을 가지고 학원을 경영하고 있습니다.

청소년기에 원대한 꿈을 꾸지만 이들이 현실과 부딪치면서 그 꿈이 조금씩 상실되어 가는 모습을 볼 때마다 안타까운 마음을 금할 수 없었습니다. 젊은이들은 자신의 꿈을 실현하기 위해 더 열심히 노력해야 합니다. 공교육인 학교 교육의 위상이 무너져가고 있는 지금의 현실에서 학생들은 과도한 우리나라 입시 제도를 쫓아가기에는 턱없이 부족한 것이 우리의 현실이기도 합니다. 게다가 교과서 위주의 교육만으로는 좋은 대학에 입학할 수 없는 현실이기에 더더욱 학원을 찾을 수밖에 없는 여건이 형성되고 있습니다.

저는 제일영재학원을 설립하여 운영하면서 '최후에 웃는 자가 참으로 웃는 자다.'라는 원훈과 오늘도 나는 최선을 다했는가라는 원훈이 또 있습니다. 엄사출고도(嚴師出高徒 : 엄한 스승이 훌륭한 제자를 배출한다)를 강조하며 선생들에게 수업에 열정적인 선생, 연구에 진취적인 선생, 언행에 모범적인 선생, 매사에 긍정적인 선생, 학생을 사랑하는 선생의 덕목을 강조하고 있습니다.

학원의 경쟁력 중 가장 중요한 것은 직원 교육이라 할 수 있습니다. 공부하는 습관과 학습 방법 등 새로운 기획과 교육프로그램은 누구도 모방할 수 없을 정도로 탁월한 교육 능력을 갖추고 있는 우리 제일영재학원은 무엇보다 철저한 선생의 인격적 자질을 그 바탕으로 하고 있습니다. 또 수업 전에 미리 수업에 방해가 되는 요소에 대해 철저히 통제함으로써 선생은 학생들을 가르치는데 온 힘을 기울일 수 있도록 하고, 학생은 수업에 방해가 되지 않도록 모두 함께 애쓰고 있습니다.

젊은 시절 대입 단과반, 대입 종합반 등 여러 학원에서 강의하며 일명 스타강사로 명성을 떨치기도 했던 저는 어려움도 많이 겪었습니다만 이를 극복하고 자리를 잡아가게 되면서 사회를 위해 환원할 수 있는 봉사활동 및 각종 단체 활동을 시작하게 되었습니다.

송파구에서 오랫동안 입시학원을 경영하면서 재영장학재단 설립을 통하여 사회의 어려운 사람들을 돌보게 되었고 또

이들과 동고동락할 수 있게 되었습니다. 현재는 학원 경영보다 오히려 사회봉사 활동에 더 많은 시간을 할애하고 있습니다. 그동안 여러 차례 로타리클럽의 회장직과 부총재직을 맡아 로타리 봉사의 참된 의미를 몸소 실천하기도 하였습니다.

로타리의 봉사 철학을 창시한 아더 F. 셀던에 의하면 봉사란 단순히 희생적이고 자선적인 의미만이 아닌 상호 조화와 이익을 가져다주는 원인적인 요소라고 했습니다. 무조건 희생적이고 자선적인 사회봉사의 고정화된 인식을 탈피하고 한걸음 더 나아가 궁극적으로 자기 발전과 성취감, 그리고 유익함을 나눌 수 있는 것이 봉사 철학의 근본적 의미입니다.

아름다운 마음을 소유하지 않고서는 결코 남을 위해 헌신적인 봉사를 할 수 없으며 약속을 성실히 이행하는 것도 상대방에 대한 사랑을 실천하는 것입니다. 로타리 봉사가 외적으로는 인도적 자선적 형태를 띠고 있지만, 근본적으로는 봉사를 통하여 인간성을 회복할 수 있습니다. 봉사 없는 인간성 회복은 있을 수 없으며, 인간성 회복 없는 봉사 또한 무의미한 것이라고 할 수 있습니다.

저는 지금까지 재단법인 재영장학재단 이사장, 송파경찰서 행정발전위원회 위원장, 서울 동부지방검찰청 범죄예방 운영위원, 송파구청 송파장학회 이사, 송파구 선거관리위원회 위원, 송파세무서 세정협의회 회장, 전국입시학원협의회 부회장, 강동교육청 평생교육협의회 위원, 고려대학교 교우회 상임이사, 사단법인 밝은미소운동본부 이사장, 송파구 학원장협의회 회장, 서울 창덕여자고등학교 운영위원회 위원장, 국제로타리클럽 3640지구 총재특별대표 및 뉴잠실로타리클럽 회장, 민주평화통일 자문회의 송파구협의회 12기, 13기 회장 등을 맡았었거나 현재 맡고 있으면서 지역사회의 발전을 위해 희생함은 물론 사랑과 봉사의 커다란 토대를 구축하는데, 앞장서고 있습니다.

저는 바쁜 일정 속에서도 아침 일찍 일어나 학원까지 약 1시간 동안 매일 걸어서 출근하는 규칙적인 생활로 신체 리듬을 다져가며 꾸준히 봉사활동에 전념하고 있습니다. 여러분이 진정한 성공을 이루기 위해서는 반드시 사회와 더불어 호흡하고 손을 붙잡는 사람이 되어야 하기 때문에 사회공헌은 성공의 중요한 요소가 된다고 할 수 있습니다.

피그말리온 효과(Pygmalion effect)라는 말이 있습니다. 피그말리온 효과란 타인의 기대나 관심으로 인해 능률이 오르거나 결과가 좋아지는 현상을 일컫는 말로, 자성적 예언,

자기충족적 예언이라고도 하며 그리스신화에 나오는 추남 조각가 피그말리온의 이름에서 유래한 심리학 용어입니다.

조각가였던 피그말리온은 아름다운 여인상을 조각하고, 그 여인상을 진심으로 사랑하게 됩니다. 이를 지켜본 여신女神 아프로디테는 피그말리온의 조각상에 대한 진실한 사랑에 감동하여 여인 조각상에 생명을 주게 되었고, 마침내 그들은 결혼하게 됩니다. 이처럼 타인이 나를 존중하고 나에게 기대하는 것이 있으면 그러한 기대에 부응하는 쪽으로 변하려고 노력하여, 마침내 그렇게 발전된다는 것이 피그말리온 효과입니다.

특히 교육심리학에서는 선생의 사랑과 관심과 기대가 학생에게 긍정적인 영향을 미치는 심리적 요인이 되어 학생을 긍정적으로 변화시키게 된다는 것을 의미하기도 합니다.

1968년 하버드대학교 로젠탈 교수와 20년 이상 초등학교장을 지낸 제이콥슨은 미국의 한 초등학교에서 전교생을 대상으로 지능 검사를 실시한 후, 그 검사 결과와 상관없이 무작위로 한 학급에서 20% 정도의 학생을 뽑아 그 명단을 선생에게 주면서, '이 명단에 있는 학생들은 지적 능력이나 학업 성취의 향상 가능성이 매우 높은 학생들'이라고 이야기하고 선생들로 하여금 믿게 하였습니다.

그로부터 8개월 후 이전과 같은 지능검사를 다시 실시한 결과, 명단에 속해 있던 학생들은 다른 학생들보다 평균 점수가 높게 나왔을 뿐만 아니라 학교 성적도 크게 향상되었습니다. 명단에 속한 학생들에 대한 선생의 기대와 격려가 중요한 요인이 되었던 것이지요. 이 연구 결과는 선생이 학생에게 거는 기대가 실제로 학생의 성적 향상에 효과를 미친다는 것을 입증하였습니다.

'고래도 칭찬하면 춤을 춘다.'라는 말이 있습니다. 때로는 학부모가 자신의 아이를 학원에 맡기면서 '우리 아이는 숨소리 빼고는 모두가 거짓말이니 학원에서 속지 말고 잘 관리해 달라.'라고 맡긴 학생이 선생들의 관용과 칭찬에 스스로 왜곡된 마음을 열고, 선생과 친구들을 가슴에 담아내는 역할모델의 길로 들어서는 경우가 많습니다.

누구나 우리 아이가 남에게 사랑받길 바라고, 더욱이 선생에게는 그 이상의 역할모델과 친근감을 얻길 기대합니다. 그러나 많은 학부모는 학생 훈계와 체벌에 대해서는 그것이 감정적이었지 않았느냐고 항의하기도 합니다. 이 세상에 감정적이지 않은 것이 어디 있겠습니까마는 비록 감정적이었다

할지라도 선생은 분명 그 학생의 행동 수정에 대해 긍정적 강화, 즉 칭찬과 관용보다 부정적 강화가 더 효과가 있으리라는 판단과 확신에서 행동하는 것이므로, 학생에 대한 판단과 처방은 선생에게 맡겨두는 것이 바람직할 것입니다.

선생들이 부모의 양육 과정 하나하나를 꼬집어 왜 그런 걸 먹이느냐, 왜 이런 걸 입히느냐 할 수 없듯이 학부모도 마찬가지로 선생의 기본적 양식에 대한 확신이 있다면, 학생의 공부 과정에 같이 참여하고 있는 선생들을 학부모 자신의 사회적 지휘, 나이, 학벌, 경험, 또는 세상에 떠도는 단편적인 교육 지식만을 들어 선생의 학생 지도에 대하여 항변할 것이 아니라, 선생들의 전문적인 견해와 열정과 고뇌에 찬 교육적 지도에 대해 인정하는 자세를 갖는 것이 필요하리라 봅니다.

자녀 교육에 있어서도 '사공이 많으면 배가 산으로 간다.'라는 속담이 예외일 수 없습니다. 피그말리온의 지극정성에 의해 그 여인 조각상이 생명을 얻어 그의 아리따운 아내가 되었다는 교육적 신화를 지나치게 쫓아가다 보면 그 끝은 나의 자랑스러운 아이가 아닌 남의 자랑스러운 아이가 될 위험성도 있습니다. 선생과 협력하고 교류해야 합니다. 아이를 그들 앞에 당당하고 자신 있게 내어놓고 나의 자랑스러운 아이가 될 때까지 충분히 기다려야 합니다.

　우리 제일영재학원은 비록 사교육을 담당하고 있는 입시학원이지만 학생들의 인성까지 반듯하게 가르치기 위해 때로는 충분히 기다려야 합니다. 우리 제일영재학원은 비록 사교육을 담당하고 있는 입시학원이지만 학생들의 인성까지 반듯하게 가르치기 위해 때로는 엄하게 꾸짖을 줄 아는 참된 교육 방법으로 학생들을 지도하고 있습니다. 그래서 2008년 12월 12일 국민훈장 목련장을 수훈하였습니다.

　얼마 전 호스피스 병동에서 수년간 말기 암 환자를 주로 진료한 오토 슈이치라는 일본인 의사가 천 명이 넘는 말기 암 환자들의 죽음을 바라보면서 그들이 죽음에 직면하여 공통적으로 후회하는 것과 환자들의 마지막 남긴 이야기들을 정리하여 『죽을 때 후회하는 25가지』라는 책을 출간하였습니다. 그 내용을 이렇습니다.

　　첫 번째 후회 - 자신의 몸을 소중히 하지 않았던 것
　　두 번째 후회 - 유산을 어떻게 할까 결정하지 않았던 것
　　세 번째 후회 - 꿈을 실현할 수 없었던 것
　　네 번째 후회 - 맛있는 것을 먹지 않았던 것

다섯 번째 후회-마음에 남는 연애를 하지 않았던 것

여섯 번째 후회-결혼을 하지 않았던 것

일곱 번째 후회-아이를 낳아 기르지 않았던 것

여덟 번째 후회-악행에 손댄 것

아홉 번째 후회-감정에 좌지우지되어 일생을 보내 버린 것

열 번째 후회-자신을 제일이라고 믿고 살아온 것

열한 번째 후회-생애 마지막에 살려는 의지를 보이지 않았던 것

열두 번째 후회-사랑하는 사람에게 '고마워요.'라고 말하지 않았던 것

열세 번째 후회-가고 싶은 장소를 여행하지 않았던 것

열네 번째 후회-고향에 찾아가지 않았던 것

열다섯 번째 후회-취미활동에 시간을 할애하지 않았던 것

열여섯 번째 후회-만나고 싶은 사람을 만나지 않았던 것

열일곱 번째 후회-하고 싶은 것을 하지 않았던 것

열여덟 번째 후회-사람에게 불친절하게 대했던 것

열아홉 번째 후회-아이를 결혼시키지 않았던 것

스무 번째 후회-죽음을 불행하다고 생각한 것

스물한 번째 후회-남겨진 시간을 소중히 보내지 않았던 것

스물두 번째 후회-자신이 산 증거를 남기지 않았던 것
스물세 번째 후회-종교를 몰랐던 것
스물네 번째 후회-자신의 장례식을 준비하지 않았던 것
스물다섯 번째 후회-담배를 끊지 않았던 것

대부분 다 자신이 행하지 못한 일에 대한 후회들입니다. 후회란 보통 두 가지입니다. 한 일에 대한 후회와 안 한 일에 대한 후회입니다. 그런데 이 중에서 해보지 않은 일에 대한 후회가 훨씬 크다는 것을 알 수 있습니다.

한 일에 대한 후회는 상대적으로 짧습니다. 후회의 내용도 대부분 가족과 연관된 내용입니다. 오늘 해야 할 일이 있다면 바로 실행하십시오. 내일은 나의 날이 아닐지도 모릅니다. 어제도 이미 지나갔습니다. 오늘만이 나의 날입니다. 과거는 지나갔고 내일은 나의 날이 아니기 때문입니다. 이렇게 살았다면 이 사람은 마지막 순간에 웃을 수 있고 여유를 가질 수 있습니다.

이렇게 살아야 세상에 대한 미련 없이 멋진 모습으로 삶의 마지막을 맞이할 수 있지 않을까요? 이러한 의미를 담고 저는 우리 제일영재학원의 원훈을 '최후에 웃는 자가 참으로 웃는 자다.'라고 만들게 되었습니다. 오늘도 나는 최선을 다 했는가라는 원훈이 또 있습니다. 여러분도 자기의 죽음에 대하여 미리 생각해 보고 결코, 후회하지 않는 최후에 웃을 수 있는 인생이 되기 위해 오늘 하루도 이웃을 위해 공헌하고 최선을 다하는 삶을 살아가시기 바랍니다.

2. 비대면시대의 학습전략

신종 코로나바이러스감염증-19(이하 코로나19)로 전 세계가 심각한 위기상황에 놓여있다.

지난 1년여 동안 우리 사회 각 분야마다 어디 하나 코로나19의 충격에서 자유로울 수 있는 곳이 없었다. 이제 막 예방백신이 개발되어 접종을 하기 시작했다.

요즘 교육계가 화들짝 놀라고 있다. 코로나19로 원격수업이 지속되면서 학생 간 학습 격차가 심해지고 있기 때문이다. 실제로 교육부가 전국 초중고 선생을 대상으로 한 설문조사 결과에서도 응답자의 약 80%가 학생간 학습 격차가 커졌다고 응답했다. 그 이유로는 학생의 자기 주도적 학습능력

차이와 학부모의 학습보조 역할 여부를 꼽았다. 결국 부모의 보호와 지원 여부에 따라 학생들의 학습수준이 영향 받는 상황이다 보니 일터에 나가야 하는 부모들의 고통은 커질 수밖에 없다.

수많은 대책이 쏟아져 나오고 있지만 성장기 학생들에게 가장 필요한 것은 역시 선생과 학생이 만나는 대면교육 방식이다. 온라인과 오프라인 학습을 적정하게 병행하고 개인별 맞춤형교육을 실시해야 한다.

그동안 주 5일 학교에서 진행되는 기본 교육과 학원을 통한 추가교육을 받는 시스템에 익숙한 많은 학부모들은 현재의 상황에 적응하기 쉽지 않을 수 있다. 하지만 오히려 이 시기를 잘 활용하면 그동안 뒤처진 공부를 따라가고 공부습관을 잡아가는 기회가 될 수도 있다.

교육 분야에서는 학습 격차가 최대 난제다. 물론 학습 격차는 과거부터 존재했다. 다만 코로나19 이후 원격수업과 등교수업 공백이 장기화되면서 디지털 부유층과 빈곤층, 사회·경제적 부유층과 취약계층의 학습 간극이 더욱 확대되고 있는 현실이다.

전문가들은 코로나19로 인한 학습 격차가 교육 불평등과 교육 양극화의 심화를 가속화시킨다고 우려한다. 하지만 코로나 바이러스가 언제 종식될지 모른다. 아니 어쩌면 제2의, 제3의 코로나 바이러스와 계속 마주할 수 있는 상황에서 비대면을 기반으로 하는 원격수업은 이제 선택이 아니라 필수다. 그렇다면 코로나19가 불러온 학습 격차를 해소할 방안은 무엇일까?

올해 3월 신학기부터 유치원생, 초등학교 1·2학년 학생, 고등학교 3학년 학생을 대상으로 등교수업이 시작됐다. 등교수업 확대가 과연 학습 격차 해소로 이어질지 주목되는 상황이다.

코로나19로 인해 학생들에게 찾아온 변화는 크게 두 가지로 볼 수 있다.

첫째, 원격수업으로 인해 스마트기기 사용이 많아졌다. 그동안 스마트폰을 사주려고 하지 않았던 부모나 또는 최대한 늦게 스마트폰을 접하게 해주려는 부모에게는 안타까운 상황이 되었다. 즉, 불가피하게 학생들을 인터넷 환경으로 내몰게 된 것이다. 특히 저학년일수록 자기 통제력이 부족하여 더욱 스마트기기에 몰입하게 되는 경우도 있다.

하지만 반대로 부모의 관심과 선생의 지도로 스마트기기

를 사용하는 방법과 절제하는 태도 등을 자연스럽게 배울 수 있게 된 계기가 되기도 하였다.

둘째, 자기 주도적으로 과제를 수행하며, 학습하는 시간이 많아졌다. 아침 기상시간도 등교수업 때 보다 늦어졌고, 원격수업 환경에서 스스로 과제를 수행하는 시간이 많아진 것이다. 이로 인해 자기주도성을 가진 학생과 그렇지 않은 학생 사이에 학습 격차가 자연스럽게 벌어지게 되었다. 또, 반대로 자기 스스로 하고 싶은 공부를 하고 독서를 즐기는 학생의 경우에는 원격수업이 오히려 반갑고, 유익한 시간이 되기도 하였다. 불가피하게 진행된 원격수업은 독인지 약인지는 판단하기 어렵다. 그리고 포스트 코로나 시대의 교육은 이전 교육과는 분명 다르게 펼쳐질 것이다. 원격교육이 바르게 소환되면서, 원격교육의 장점을 확인했다. 따라서 앞으로의 교육은 등교수업과 원격수업 각각의 장점을 조합한 혼합수업이 전개될 가능성이 크다. 따라서 혼합수업을 효과적으로 준비하는 것이 학습자의 중요한 몫이 되었다. 그렇다면 새로운 시대, 새로운 교육방식에 잘 적응하기 위해 학습자와 학부모는 무엇을 준비하면 좋을까?

첫째, 학습자의 현존감을 느끼게 하는 것이 중요하다. 현존감이란 원격교육 상황에서 선생과 모니터 화면에서 소통한다 할지라도, '내가 선생님과 함께 하고 있다'라고 느끼는 감정이다. 스마트 기기 넘어 선생님과 함께 하고 있다고 느끼게 하는 것은 1차적으로 선생의 역할이지만, 함께 공부하고 있고 '넌 혼자가 아니야' 라고 느끼게 해 주는 것은 부모의 역할이다. 함께 자리를 지켜주고 후원자의 역할을 해 주어야 한다. 감시와 지적의 역할이 아니다. 아이의 필요를 채워주며, 교육적 지지를 보내주는 것이다.

둘째, 시간관리 능력이다. '시간이 금이다' '한 번 흘러간 시간은 되돌아오지 않는다'라는 명언으로 아무리 열변을 토해 내어도 학생들의 반응은 시큰둥하다. 이런 활동을 해보면 어떨까? 지난 일주일간 내가 어떤 일을 하면서 시간을 보내었는지 메모지에 작은 것 하나라도 써 보게 한다. 그리고 모든 일을 4가지 영역으로 나누어 정리해 보자. '중요하면서 급한 일' '중요하지만 급하지 않은 일' '중요하지 않지만 급한 일' '중요하지도 않고 급하지도 않을 일' 말이다. 스스로 시간을 어떻게 보내고 있는지 스스로 성찰해 볼 수 있는 유익한 시간이 될 것이라고 생각된다. 학생들이 흔히 하는 '시간이 없어' 라는 말이 논리적으로 맞지 않음을 스스로 알게 하는 방법이기도 하다. 학생 스스로에게 어떻게 시간을 사용해야 할지 물어본다면 그 정답을 또한 본인이 더 잘 알고 있을 것이다.

　마지막으로 자기통제와 자기주도적인 학습이다. 스마트기기를 접한 학생들은 공부를 뒤로하고, 재미있고 자극적인 영상에 시선을 돌리기 쉽다. 따라서 분명한 목적을 가지고, 그리고 사용시간을 정한 후 스마트기기를 사용하는 것을 권장한다. 목적 없이 무분별하게 스마트기기를 사용할 경우 사고력과 집중력 저하로 이어질 수 있다. 코로나 시대의 학생들에게 스마트기기는 필요악이다. 이를 어떻게 나에게 유익하게 의미 있게 사용할 수 있는지에 대해 교육하는 것이 중요하다. 또한 자기 주도적 학습을 위해서는 온라인 학습 환경을 만들어야 한다. 컴퓨터, 웹캠, 헤드셋 등의 기본 장비를 구축하고 시간표에 따라 교과서와 노트 등 필기도구를 책상 앞에 준비한다.

　등교는 하지 않았지만 학습할 준비 자세는 등교해서 수업 받는 것과 똑같은 환경을 만들어야 한다. 아침에 일어나서 온라인 수업 시작 전에 그날 배울 교과서를 눈으로 읽어보고 수업에 참여하는 것이 좋다. 그리고 온라인 수업이 끝난 후에는 30분 정도 시간을 정해서 반드시 복습해야 한다. 이처럼 학력을 향상하기 위해서는 자기 주도적 학업 역량을 갖춰야 한다. 무엇보다 효과적인 학습을 위해 자신이 주체가 되어 스스로 학습과정을 이끌어갈 수 있는 의지와 포기하지 않는 실행 능력을 갖추려는 노력이 필요하다. 위기를 기회로 생각하고 실행하는 습관이 그 어느 때보다 절실한 시기이다.

그 어느 때보다 학습자 중심의 교육이 중요해졌다. 학습 환경이 달라졌고, 학습자의 특성도 바뀌었다. 대면수업 공간에서는 선생의 역량으로 학생들의 태도를 직접 관리·감독할 수 있었지만, 이제는 학생 스스로 학습 의지를 가지고 있어야 교육이라는 행위가 일어나게 되었다. 자기 주도적 학습 능력을 갖춘 학생들만이 온전한 학습을 이뤄낼 수 있게 된 것이다.

코로나19로 인한 교육의 여러 변화는 일시적인 현상으로 끝나지 않을 것으로 보인다. 설령 코로나19가 종식되더라도, 이미 시대는 새로운 길로 접어들었다. 원격교육으로 대표되는 포스트 코로나 시대의 교육 형태는 이제 받아들여야 할 이정표가 된 것이다.

코로나19가 유행하면서, 전염을 최소화하기 위해 교육기

관은 전례 없이 원격교육을 도입하기 시작했다. 그러나 코로나19의 종식과 관계없이, 원격교육은 교육의 한 축으로 완전히 자리매김할 것으로 전망된다.

3. 인간과의 공존을 위한 조경 造景

　우리나라 산야는 온돌문화의 오랜 전통으로 황폐화되었다. 특히 8·15 이후 건축자재용으로 산림이 남벌되어 국토가 붉은 산이라는 치욕스러움을 안게 되었다. 한국전쟁으로 산림 황폐화가 극에 달한 이후 국토 녹화사업으로 산림녹화운동을 벌였다. 수목의 벌채를 엄격히 규제하고 매년 4월 5일을 식목일로 제정하여 국민운동으로 전개해왔다.

　식목일의 유래는 미국의 네브래스카주에서 비롯되었다. 산림이 헐벗은 것을 본 개척민이 산림녹화운동을 추진하기 위하여 매년 주민 전체가 하루를 식목을 위한 봉사 일로 정한 것이 시초이다. 1872년 4월 10일 제1회 식목행사가 행하여지고, 그 후 이 운동의 주창자인 J.S 모턴의 생일인 3월 22일을 '나무의 날(Arbor day)이라고 이름 붙여 축제일로 정했다. 그 운동은 미국 각주와 캐나다에 보급되었고, 나아가 세계 각국에서 이를 본받게 된 것이다.

우리나라에서는 계절적으로 청명을 전후한 시기에 나무 심기가 좋아 1949년 대통령령으로 매년 4월 5일 식목일로 지정하였다. 그 뒤 1960년에 식목일을 공휴일에서 폐지하고, 3월 15일을 '사방의 날'로 대체 지정하였으며 1961년에 식목의 중요성이 다시 대두되어 공휴일로 부활되어 1982년 기념일로 지정되었으나 1990년에 공휴일은 폐지되었다.

식목일이 가까워지면 우리는 항상 나무 가꾸기의 중요성을 되새긴다. 환경이 갈수록 나빠짐에 따라 산과 산림의 중요성은 더욱 높아만 갔다. 우리나라 산림의 연간 물 저장 능력은 약 200억 톤 이상으로 평가된다. 이만한 물을 저장할 다목적댐을 건설하려면 수십조 원이 필요하다. 숲의 공기 정화 기능을 이산화탄소 회수비용, 산소 제조비용, 대기오염물질 처리비용으로 평가하면 연간 10조 원 이상에 이른다.

기타 토사 유출 및 붕괴 방지 기능, 산림휴양 기능, 야생동물보호 기능, 기상악화 완화 기능 등 숲의 혜택은 너무나도 많다. 그동안 나무 심기에 정성을 쏟은 결과 우리나라 산지의 97%가 푸른 숲을 이뤘다. 그러나 숲을 이룬 역사가 오래되지 않아 더 가꿔야 할 어린 나무가 많고 녹화기에 심었던 나무들이 경제적 가치가 낮아서 국내 목재 수요량의 10% 정도밖에 제공하지 못하고 있다. 산림의 생태적 건강 상태도 극히 취약하다는 평가다. 최근 우리가 산불로 태워버린 산림이 돈으로 따져보면 연간 수백억 원에 이른다고 한다. 무심코 버린 불씨가 푸른 숲을 순식간에 잿더미로 만든다면 얼마나 안타깝고 어리석은 일인가.

아름답고 유용하고 건강한 환경을 조성하기 위해 인문학적, 과학적 지식을 응용하여 토지를 계획, 설계, 시공, 관리하는 예술을 일컬어 조경造景/landscape architecture이라고 한다. 조경은 회화, 조각, 산업디자인, 건축, 토목, 도시계획 등의 분야와 밀접한 관계를 갖는다. 또한 조경은 예술이자 기술이고 사회적 수요의 산물이며 심미성, 기능성, 공공성 등은 조경의 특징이며 조경이 지녀야 할 이념이다.

인간은 유사 이래로 환경과 상호 관계를 지속해왔다. 이러한 관계 속에서 인간은 환경을 의도적으로 변화시켜왔는데, 이러한 변화의 결과물 혹은 변화를 일으키는 인간 행위를 넓은 의미에서 조경이라고 할 수 있다. 역사적으로 조경문화가 처음으로 싹텄던 이집트는 강수량이 연간 50mm에도 이르지 못하는 사막 국가로 식물이 자연스럽게 싹트고 자라기에는 열악한 환경 때문에 숲을 이룰 수 없었다. 그래서 이집트 사람들의 가장 큰 소망 가운데 하나는 시원한 나무 그늘 아래 쉬며 넘치는 맑은 물에 손과 발을 담가 보는 것이었다. 이러한 소망을 이루기 위하여 나일강가에 집터를 잡고, 뜰에 연못을 파고 물고기를 길렀으며 녹음수를 심어 그늘 아래에서 쉬었다.

조경 식물은 보기에 아름다운 꽃을 피우고 먹을 수 있는 열매가 열리는 것을 골랐다. 여름철에 비가 거의 내리지 않으며 대부분 사막으로 이루어진 이스라엘이나 아라비아지방도 마찬가지로 풍성한 나무숲을 이룰 수 없었으며 식량 생산이 어려워 살기에 적합하지 못한 곳이었다. 이러한 지방에서 백성들에게 희망을 주기 위해 나타난 종교가 크리스트교와 이슬람교였다. 이들 종교가 약속하고 있는 천국이 바로 나무숲이 우거지고 온갖 꽃이 만발하여 맑은 물이 흐르는 곳이었다.

그 천국을 현실화한 것이 크리스트교의 수도원에 꾸며진 클로이스터cloister이며 이슬람교 사원에 꾸며진 파티오patio로 모두 물의 중심을 하고 있다. 그러나 공공성을 강조하는 근대적 의미의 조경은 1980년대를 전후하여 미국의 A. 다우닝, F. 옴스테드 등을 중심으로 전개되었던 공원 운동Public Park Movement에서 비롯되었다.

결국 서구의 조경은 산업혁명과 도시화의 악영향이었던 도시위생문제에 대처하여 노동계층의 여가공간을 마련해 주기 위한 개념으로 시작되었다고 볼 수 있다. 20세기 초에는 무분별한 도시화와 도시팽창에 대한 반작용으로 전원적인 도시환경을 창조하고 도시미를 고양하는 방향으로 조경의 초점이 맞추어졌다. 도시 미화 운동City Beautiful Movement이 그 대표적인 예이다.

제1차 세계대전을 전후로 뛰어난 조경가들과 조경작품들이 탄생되었으며 도시 근교의 대규모 부동산 개발사업과 공원 및 녹지체계 수립 등에 이바지하였다.

제2차 세계대전 이후에는 전후 복구 사업을 중심으로 조경의 범위 및 규모가 확대되면서 전문업으로서 영역을 확고히 해갔다. 특히 1960년대 이후에 조경은 범지구적으로 부상한 환경문제에 대처하기 위하여 환경의 보전과 치료에 관심을 돌리게 되었다. 대규모 개발사업 등에 환경적 변화를 최소화하는 것에 목표를 두게 되었다. 1980년대에는 다시 조경을 예술로 파악하려는 움직임이 일었는데 이것은 과학, 문학, 예술, 전반을 지배했던 모더니즘에 대한 회의와 반성에서 비롯된 현상이라고 볼 수 있다.

한편 우리나라는 20세기 후반 일본식 조경 기법을 무원칙하게 도입했던 혼란기를 거치다가 1988년 서울올림픽대회 개최를 계기로 차차 시대에 걸맞게 발전하였으며 우리의 전통적인 정원문화를 접목하는 데도 관심을 두기 시작하였다. 1970년대 초반 대규모 국토개발사업 및 고속도로 개발 등에 맞추어 '조경업'이라는 전문업이 생겼다.

1973년 서울대학교와 영남대학교에 조경학과가 개설됨에 따라 전문 인력이 배출되기 시작하였다. 조경기술사 자격증 제도가 신설되면서 조경가협회와 조경사협회가 창설되어 전문업으로서 기틀이 마련되었다. 1970년대 이후의 대표적인 공공 조경작품으로는 파리공원, 올림픽공원, 용산가족공원, 예술의 전당, 무역센터 광장, 과천, 분당, 일산 신도시 등을 들 수 있다.

초창기에는 조경에 대한 사회적 인식이 미미했으나 이후 우리나라 조경은 지속적으로 발전하여 도시환경과 자연환경 보다는 인간에게 쓸모 있도록 아름답게 다듬고 가꾸는 역할을 담당해왔다.

21세기는 지구환경에 대한 인식이 높아짐에 따라 앞으로는 개인 취향의 조경도 일반 대중을 위한 공공적인 조경으로 초점을 맞추어 나가야 한다. 조형물과 함께 전통적인 요소를 살려 디지털 시대에 걸맞은 예술성이 함께 고려되어야 할 것이다.

또한 서양 문물의 급속한 전파 과정 속에서 전통문화유산을 보전하는 한국적 조경 양식을 재창조해야 할 책임이 있다. 더불어 조경은 인간이 쉬고 즐기는 생활공간이고 과학과 자연이 함께 어울릴 수 있는 생각하는 공간으로 변모되어야 한다.

10부 대형 학원가 40년사, 빛낸 인물 40여 명
아름다운 동행(이남희 저, 뿌리출판)
- 심재안 이사장 편(제일영재학원)

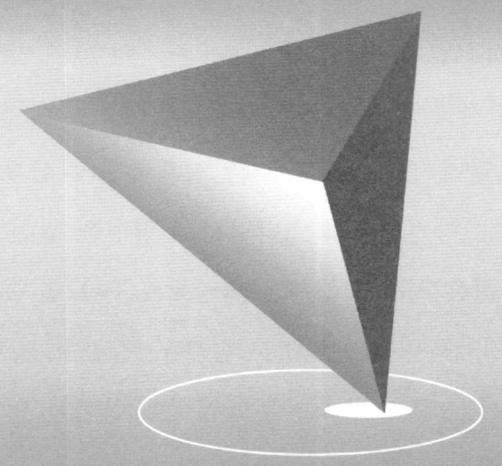

'장영실 교육문화대상'에 빛나는 제일영재학원
'대통령 표창·국민훈장 목련장 수훈' 심재안 이사장

오케스트라는 그 지휘자의 특성에 따라 연주가 달라진다고 한다. 실제로 베토벤의 '월광 소나타'를 금난새 씨와 정명훈 씨가 각각 지휘했을 때 느낌이 다른 것을 알 수 있다. 학원 교육도 마찬가지인 것 같다.

어떤 운영자를 만나느냐에 따라 학원생들의 성적이나 학원 평가 등이 달라지니 말이다. 제일영재학원의 심재안 이사장은 1980년대 학원가에서 스타강사로 명성을 떨친 사람이다. 그런 그가 젊은 시절의 경험을 바탕으로 1992년 송파구 방이동에 제일영재학원을 설립하고 송파구, 강동구, 강남구, 광진구 일대에서 초중고 입시전문학원으로 탄탄한 명성을 쌓을 수 있었던 것은 '탁월한 지휘력' 때문이다. 그리고 그 지휘력이 더욱 돋보이는 것은 심 이사장이 지역사회 일원으로서 아낌없이 봉사하고 베풀기 때문이다. 심 이사장은 늘 적극적으로 부지런하게 움직이는 성격이라 스케줄이 바쁘다. 어디에서 전화가 올지 몰라 휴대전화를 손에서 놓지 않고 있기도 하다.

"사실 학원 운영보다는 지역사회와 관련된 일이 더 바쁩니다. 저를 찾는 사람이 많다는 것은 그만큼 믿음직스럽게 생각하는 분들이 많다는 것이겠지요."

실제로 심 이사장이 지역사회에서 맡은 직함은 10여 개가 넘는다. ㈜제일영재교육재단 이사장, (재)제영장학재단 이사장, 대통령 자문 헌법기관 민주평화통일자문회의 송파구협의회장, 송파경찰서 행정발전위원회 위원장, 송파세무서 세정협의회 회장, 서울 동부지방 검찰청 범죄예방 운영위원, 송파구청 송파장학회 이사장, 송파구 선거관리위원회 위원, 전국 입시학원협의회 부회장, 강동교육청 평생교육협의회 위원, 고려대학교 교우회 상임이사, ㈔밝은미소운동본부 이사, 송파구학원장협의회 회장, 서울방이초등학교 운영위원회 위원장, 국제로터리 3640지구 부총재, 국제로터리 3640지구 뉴잠실로터리클럽 회장 등을 현재 맡고 있거나 역임했다.

심 이사장은 '이름만 대면 알만한 기업인이 주변에 많은데도 불구하고 내가 그 자리를 차지하고 있는 것은 나누는 리더, 섬기는 리더가 더욱 많아지고 나누는 문화가 확산하기 위해서는 사회 지도층부터 솔선수범해야 한다.'라며 '오히려 넉넉하지 못한 사람들은 많은 모범을 보이는데 정작 모범을 보여야 할 사람들은 그렇지 않은 것 같다.'라며 안타까운 마음을 비치기도 했다.

지난 2005년 4월 24일 프레스센터에서는 사단법인 과학 선현 장영실 선생기념사업회의 주최로 '장영실과학문화상' 시상식이 있었다. '장영실과학문화상'은 600년 전 위대한 과학 선현 장영실의 업적과 영원한 과학 정신을 기리기 위해 창립된 '장영실선생기념사업회'에서 1999년에 재정, 매년 우리나라 과학과 교육문화 발전에 공로가 있는 사람들에게 주는 상이다.

이날 시상식에는 장영실과학문화상 수상자로 인공위성 '우리별 1호'의 발사를 주도한 최순달 박사를 선정했고, 장영실 교육문화대상자 수상자로 제일영재입시학원의 심재안 이사장이 수상의 영예를 안았다.

심 이사장은 매우 까다로운 심사를 거친 만큼 의미 있는 상이라며 자랑스러워했다. 듣고 보니 수상을 하기까지 매우 번잡스러웠을 듯싶다. 우선 과학기술부에서 학원으로 두 번이나 실사를 나왔다. 관계자들은 주변 사람들에게 탐문을 하기도 했고, 급기야 세무서 자료까지 몽땅 제출해야 했다. 자료를 준비하고 응대하기가 번거롭기도 했지만 거리낄 것이 아무것도 없었기에 성실히 응했다. 그렇게 한 달쯤 지났을까, 마침내 수상 통보가 왔다. 수상 이유에는 역시 장학재단을 통한 장학금 지급 활동이 가장 큰 점수를 받았다.

이렇게 심 이사장이 학원 운영자로 성공하고 지역사회 일꾼을 자리매김하기까지에는 남모르는 어려움도 많았다. 심 이사장은 원래 경남 마산에서 수학 선생으로 교편을 잡았다. 청운의 꿈을 안고 서울로 올라온 것이 하필이면 신군부의 과외 금지조치가 있기 1년 전이었다. 제일검정고시학원에서 강사로 첫출발한 지 얼마 후 학원들이 사대문 밖으로 이전할 때 경기학원(유준석 원장), 대진학원, 청산학원 등에서 근무했다. 특히 청산학원에서는 6교시 전 타임 마감을 되풀이하며 '스타강사'로 자리매김했다.

심재안 이사장은 어려운 동료들을 챙겨주는 습관이 강사 시절부터 몸에 배 지금까지도 삶의 모토로 삼고 있다. 그렇다고 심 이사장을 만만하게 생각했다가는 큰코다친다. 일과 명예에 관해서라면 아주 독한 면도 있기 때문이다.

한번은 강의가 끝나고 계단을 내려오다가 학생들에게 밀려 넘어지는 바람에 허리를 다치는 일이 발생했다. 병원에서는 무조건 꼼짝하지 말고 누워있어야 한다고 했지만, 심 이사장은 기어이 학생들의 부축을 받으며 강단에 섰다. 엉거주춤한 자세로 흑판을 붙들고 한 달 동안 강의를 하자 동료 강사들도 '지독하다'라며 혀를 내둘렀단다.

그 후 심 이사장은 청탑학원(김성태 원장)에 잠시 있다가 서울 양재동에서 무작정 학원을 열었다. 그런데 학생들이 구름같이 몰리기 시작했다. 서울뿐 아니라 성남, 관천 등 수도권 지역의 학생들까지 수업을 받으러 온 것이었다. 학원이 잘 되니 주변에서 곱게 볼 리 없었다. 어느 날 서울시교육청 관계자가 KBS 기자를 대동하고 나타났다. '불법 과외의 온상'으로 지목된 것이다. 얼마 후 학원은 폐쇄됐고, 심 이사장은 절치부심 끝에 성남으로 내려갔다. 기숙학원으로 '제일연세학원' 설립을 허가받고 문을 열었는데, 어떻게 소문이 났는지 학생들이 또다시 구름처럼 몰렸다. 심 이사장은 신바람이 났다. 서울도 아닌 수도권에서 이렇게 성할 줄 몰랐기 때문이다.

어느 날 학생들을 수송하기 위해 양재역 근처에 버스 10대를 세워놓았는데 어떻게 알았는지 SBS 기자가 카메라를 들이밀었다. 심 이사장은 홍보가 되겠다는 생각으로 '무조건 좋게 내주십시오.' 하고 순순히 촬영을 허가했다. 그런데 보도 내용은 기가 막혔다. 장장 10분간 방영된 화면에는 학원 시설이 미비하고 학생들에게 기합을 주는 등 비교육적이라는 내용이었다. 당시 SBS가 개국하면서 시청자들의 관심을 끌기 위해 사회 고발성 프로그램을 많이 제작했는데, 그 콘셉트에 딱 걸린 셈이다.

결국, 관계기관들과 고성이 오갔고 심 이사장은 더 이상 성남이란 곳에 머물기조차 싫어졌다. 조용히 학원을 넘기고 다시 발걸음을 옮긴 곳이 지금의 송파구 방이동 제일영재학원이다. 그것이 1992년 10월, 송파구에서도 텃세는 여전했다. 그러나 '더 이상 물러설 수 없다.'라는 투지가 솟았다.

심 이사장은 안으로는 스파르타식 교육방법에 이한 성적 향상과 청소년 선도에 주력하는 한편 밖으로는 지역사회 일원이 되기 위해 동분서주했다. 혼자만 잘 나서는 살 수 없는 세상이라는 것을 뼈저리게 경험한 터였다.

심 이사장은 특히 학원 내에서 예절을 철저히 지키도록 엄하게 지도하기로 유명하다. 그는 엄한 스승만이 훌륭한 제자를 배출한다는 철학을 가지고 있다. 선생은 높고 큰 사랑으로 학생을 깍듯이 대하고, 교육시켜 학부모와의 약속을 철저히 지켜야 한다는 게 그의 교육 목표다. 심 이사장은 현재 송파구 지역에서 '학원을 경영하면서도 학부모는 물론 학생들과의 약속은 철저히 이행하는 바람 교육자'라는 영성을 듣고 있다.

학원인으로서, 지역사회를 이끌고 있는 리더로서 심 이사장이 생각하는 성공의 의미는 무엇일까. '몸을 아껴서는 아무 일도 할 수 없다.'라고 말하는 순간 그의 눈매가 예리하게 빛난다. 그는 또한 기업이 잘 되기 위해서는 기업가에게 봉사 정신이 강해야 한다고 말한다. 자기 몸을 아끼지 않아야 그런 정신이 나오면 결과적으로 기업과 직원을 위해 희생할 수 있고 과감한 투자도 가능한 것이다.

"성공은 많은 돈과 높은 지위가 아닙니다. 성공은 얼마나 많은 이들이 나를 모델로 삼고 닮고자 하는가, 그리고 얼마나 많은 이들이 나를 도와주는가에 따라 가늠할 수 있다고 생각해요. 결국, 성공의 종착역은 나의 성공을 다른 이들에게 다시 돌려주는 봉사와 환원의 자리가 아닌가 싶군요."

11부   초, 중, 고등학생의 학부모 역할
(심재안 이사장 저서 '학부모 역할' 중에서)

- 초, 중, 고생 학부모 지침서 -
(할아버지, 할머니 필독서)

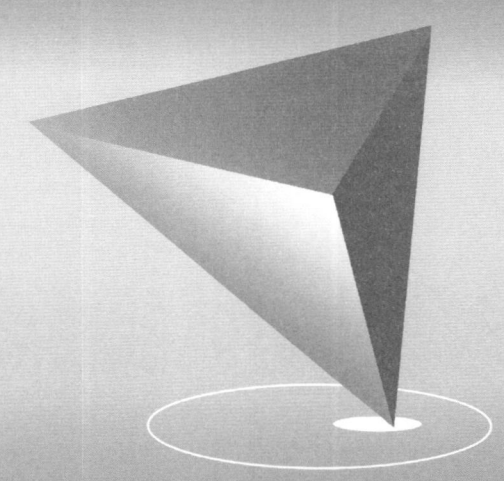

1. 학부모는 학생에게 어떤 자세로 임해야 하는가

학부모는 학생의 입장에서 생각하고 행동해야 한다

아무리 좋은 말이라도 잘 모르고 하는 말에는 오해와 부작용이 생기지만, 잘 알고 하는 말에는 누구도 수긍하고 따르게 되며 때로는 감명도 받게 된다. 학부모가 학생에게 학부모로서의 올바른 역할을 해주려면 학생의 정신적, 육체적 상태와 공부에 필요한 사항이 무엇인지를 알아야 할 뿐만 아니라 항상 학생의 입장에서 무엇을 도와주고 지원해 주어야 하는지 생각해야 한다.

자녀를 통해서 학부모 자신의 기대와 욕망을 달성하려는

과욕이나 이로 인하여 파생되는 지나친 역할은 오히려 학생의 학습능률을 저해함은 물론이거니와 긴 안목으로 볼 때 자녀의 앞날에 커다란 지장을 초래할 우려가 있다. 부모가 학생이 필요로 하는 역할을 해주기 위해서는 학생의 의견을 듣고 담임 선생님과 상의를 하는 것이 좋다.

2. 학생의 건강관리는 어떻게 하는 것이 좋은가

규칙적인 생활

학부모는 학생의 입장에서 생각하고 행동해야 한다. 학교생활에서 가장 해치기 쉬운 것이 건강이다. 시험기간 중 학생의 건강관리는 학부모의 과제이다. 학생을 직접 지도한 경험에 의하면 건강관리를 위해서 제일 중요한 것은 규칙적인 생활습관이다. 식사시간, 공부시간, 수면시간 등이 규칙적으로 반복될 때 건강도 유지되고 학습능률도 향상된다. 반대로 생활의 리듬이 깨지거나 불규칙적이면 건강을 해지고 학습능률도 저하된다는 의학적인 보고가 있다.

평소와 달리 새벽 3시까지 공부하고 나면 건강에 이상이 오거나 컨디션에 좋지 않아 오히려 3~4일간 학습능률이 저하된다. 시험기간 중 학생이 규칙적인 생활을 할 수 있도록 지도하고 여건을 마련해 주어야 한다.

수면과 휴식

적당한 수면과 휴식은 정신적, 육체적 건강의 보약이다. 연령으로 보아 중3, 고3 학생이라면 평생 중 가장 건강하고 활기에 차 있어야 한다. 학생의 과로는 수면과 휴식시간이 부족해서 일어나는 현상이지 육체적인 노동으로 일어나는 것이 아니다. 학생의 과로를 사전에 예방하고 건강을 유지시키는 원동력이 적당한 수면과 휴식이다. 막대한 분량의 학습과정을 소화해야 하는 학생의 입장에서 볼 때 수면과 휴식시간이 항상 부족하지 않을 수 없다. 그로 인한 신체상의 지장은 강인한 정신력으로 극복하는 것이다. 강인한 정신력으로 1년간 버티어 낼 수 있는 최소의 수면 시간이 바로 그 학생에게 적당한 수면 시간이 되는 것이다. 수면시간은 개개인의 체질과 건강 상태에 따라 다르며 숙면 정도에 따라 다르다.

학부모는 평소 자녀의 수면 시간과 숙면 정도를 파악하여 입시 준비 기간 중 적당한 수면시간을 권유하는 것이 좋다. 그리고 자녀가 평소 다른 학생보다 잠을 많이 자는 편인지, 수면 시간이 부족하면 어떤 현상이 일어나는지, 저녁잠이 많은지, 아침잠이 많은지 등을 파악하여 학생에게 적당한 수면 시간을 조절하도록 권유하고 지도하는 것이 필요하다. 적당한 수면시간은 학습 능률에 중대한 영향을 미친다.

음식과 운동

음식은 특별한 것보다 학생이 잘 먹는 음식이 좋다. 학생들은 시기적으로 성장기에 있기 때문에 대체로 음식을 잘 먹는 편이다. 그러나 워낙 피로하고 지치거나 긴장이 계속되다 보면 음식 맛을 잃게 되는 경우가 많다. 학부모들은 영양학적으로 따져서 특별한 음식을 골라 먹이거나 특별 메뉴를 마련하는 경우가 있는데 그것은 바람직하지 못하다. 특별 메뉴라고 해서 음식을 더 잘 먹게 되는 것은 아니며 학생에게 오히려 심적인 부담만 더해주는 결과가 된다. 평소에 좋아하는 음식으로 차려주는 것이 효과적이다.

  가족들이 모여 앉은 식탁에서만은 공부에 관한 화제를 피하고 다른 내용을 즐겁게 이야기하는 것이 학생의 기분전환을 위해서도 좋다. 무슨 음식은 먹어야 하고 무슨 음식은 먹어서는 안 된다는 식의 간섭과 권유는 금물이다. 학생의 건강관리를 위해서 아침에 일찍 일어나서 체조를 하거나 가벼운 산책을 하는 것이 좋다. 운동은 육체적 건강만이 아니라 기분 전환을 하게 해 새로운 각오와 결의 다지는 데도 좋다.

정신력

  건강에 대한 지나친 관심과 걱정은 오히려 해가 된다. 수험생이라고 해서 다른 자녀와 다르게 특별한 관리나 관심을 집중하지 않는 것이 좋다. 학부모 입장에서는 건강이 염려되고 걱정될 수 있지만 지나치게 관심을 집중하고 걱정하면 지금까지 상태가 괜찮은 학생도 갑자기 머리가 아픈 것 같고 소화가 잘 안되는 것 같은 느낌을 갖게 된다. 어느 학생이고 수험생은 건강 상태가 최상을 유지하는 경우는 극히 드물다. 정신력으로 버티어 나가고 있는데 옆에서 지나치게 걱정을 해주게 되면 정신력과 의지력이 약해져 몸에 이상이 생길 수 있다. 학부모는 학생의 건강 상태를 옆에서 조용히 살피되 학생에게 심하게 표시하지 않는 방법도 학생의 건강을 관리하는 또 하나의 방법이다.

3. 학생의 정신관리는 어떻게 하는 것이 좋은가

정신관리의 중요성

학생의 정신 관리는 입시 공부와 바로 직결된다. 학생의 모든 근심과 걱정, 초조와 불안, 좌절감에 패배감을 털어 버리고 오직 굳건한 의지 그리고 힘찬 용기와 각오로 정신을 집중하여 자신의 능력을 최대한 발휘할 수 있도록 분위기와 여건을 조성해 주는 것을 편의상 "학생 정신관리"라고 한다.

학부모가 학생의 학습에 대하여 독려하는 것은 다르게 생각하면 학생이 타의에 의해 공부를 하도록 하는 것이지만 학생의 정신관리는 스스로 공부할 수 있도록 기분과 분위기를 조성해 주려는데 그 목적이 있다. 타의에 의해서 하는 일의 능률보다 자의에 의해서 하는 일의 능률이 훨씬 크다는 것은 누구나 다 아는 사실이다.

'부모의 태도가 바뀌었다'혹은'부모가 변했다'는 느낌을 자녀들이 받게 되면 불안하고 당황해지는 것이다. 자녀들에게는 부모님이 항상 마음의 기둥이요, 고향이며 최후의 안식처이다. 갑자기 그 기둥이 흔들리거나 변해버리면 자녀들의 마음은 부모를 잃은 고아처럼 외로워지는 것이다. 그런 학생의 심적인 상태는 결코 학습에 도움이 되지 못한다.

고되고 험난한 입시라는 긴 여정을 외롭게 걸어가야 하는 학생일수록 어릴 때부터 느껴온 부모의 따뜻한 품속이 그리워지는 것이다. 겉으로는 학생이 부모와 대화를 기피하고 말이 적으며 짜증을 부리는 경향이 있지만 그것은 부모를 멀리하려는 것이 아니고 입시의 스트레스를 자신도 모르게 마음의 고향인 부모님에게 쏟아 놓는 일종의 투정이다. 그것은 오히려 부모님의 사랑과 정성을 갈망하는 행위이다. 그러므로 학부모는 입시 준비생이라는 현실을 너무 의식하지 말고 정성과 사랑을 기울이는 자세를 유지해야 한다.

긴장감과 부담감 감소

학생이 입시에 대해 지나친 긴장감과 부담을 갖지 않도록 해야 한다. 학생에게 입시 공부에 대한 적당한 긴장감과 부담은 자극제가 되어 학업에 도움이 되지만 항상 마음이 불안하고 초조하면 학업 능률이 오히려 저하되고 매사에 용기와 자신감을 잃게 된다. 학생에게 긴장과 부담감을 감소시키기 위해서는 몇 가지 주의 사항이 있다.

첫째, 학생으로 하여금 자신의 능력 범위 내에서 최선을 다하도록 이끌어 주고 지도해야 한다. 학생의 능력 불가능한 목표를 학부모가 일방적으로 정해 놓고 그 목표를 달성하도록 독려하는 방법은 삼가야 한다. 그것은 학생을 강박상태로 몰아넣고 공부에 대한 부담감만 더해줄 뿐이지 학업 능률 향상에 도움이 되지 않는다. 가능하면 목표는 학생 스스로가 정하도록 유도하여 자신의 의사에 의한 목표를 달성할 수 있도록 하고 학부모는 진인사대천명盡人事待天命의 자세로 지도하는 것이 효과적이다.

둘째, 가급적 학생에게도 입시 공부를 떠나서 부모로서의 본래의 사랑과 정을 있는 그대로 표시하는 것이 좋다. 예를 들면 학교와 학원에서 새벽부터 저녁 늦게까지 공부에 시달리다 피로에 지친 모습으로 현관문을 들어서는 학생에게 "오늘 몇 점 받았니? 빨리 저녁 식사하고 공부해야지."하고 몰아붙일 경우 학생은 외로워진다. 누구로부터 위안과 사랑을 받으며 지치고 피곤한 심신을 어디에서 달랠 수 있을까요. 차라리 "이제 오니? 피곤하겠다. 배고프지? 하며 태연하게 자녀를 맞이하는 것이 낫다. 학생은 부모님의 다정한 말 한마디에 하루의 피로가 깨끗이 씻어지고 새로운 용기와 의욕이 살아날 수 있다.

셋째 평소 식사시간만이라도 가능한 공부 문제를 떠난 화제를 주제로 삼는 것이 학생의 기분 전환에 도움이 된다. 즐거워야 할 생일날 모인 친지들이 학생을 위하고 격려한다는 뜻에서 "공부 잘하니? 공부 열심히 해야 좋은 학교에 들어가지"하는 식의 말은 듣는 학생 쪽에서는 괴롭고 부담스러울 수 있다. 학생을 위해서 한다는 말이 학생에게 불안과 초조함을 가중시키는 결과만 초래하게 된다. 그것을 자극을 주기 위함이라고 말할지 모르나, 자극이란 스스로 느낄 때 일어나는 것이다.

의욕과 용기 고취

 고된 입시 공부를 계속하는 원동력은 강인한 정신력이다. 학생이 장기간 입시 공부를 감당해 내고 버티어내는 원동력은 용기와 자신감 그리고 가능성을 바탕으로 하는 강인한 정신력이므로 정신력이 허물어지면 공부할 의욕을 잃게 된다. 좌절감과 열등감은 용기와 가능성을 송두리째 앗아가기 쉽다. 학부모는 수험생에게 때때로 "너도 할 수 있다"는 가능성을 심어주어야 하며 그보다 더 중요한 것은 학부모가 학생들로 하여금 좌절감과 열등감에 빠져드는 요인을 만들지 말아야 한다. 이것을 위해 학부모는,

 첫째, 학생의 능력과 노력을 무시하는 핀잔과 같은 채찍은 삼가 하는 것이 좋다. 예를 들면 "이번에도 또 성적이 그 정도야? 남들 공부할 때 너는 뭐했니?" 하는 식의 채찍은 학생의 학업을 독려하기보다는 학생으로 하여금 공부 의욕을 잃게 한다. 꼭 충고의 말을 하고 싶다면 "이번에는 문제가 좀 어려웠던 모양이구나. 아직도 시간은 있으니 너무 실망할 것 없다. 너라고 못할 이유가 있겠니?" 하는 식으로 간접적인 표현을 하는 것이 오히려 학생의 능력과 노력을 무시하지 않

으면서 학업을 독려할 수 있는 방법이다.

둘째, 평소보다 성적이 향상되었을 때를 이용하여 격려로 자신감과 가능성을 불어넣어 주는 것이 좋다. 학부모는 기대와 욕심이 앞서기 때문에 격려를 해준다는 것이 "좀 더 잘 할 수 없느냐"고 말하는 경우가 많은데 그것은 오히려 학생의 공부할 의욕을 꺾어버리기 쉽다.

아무런 근거나 사유가 없을 때 위로나 격려를 해주기보다는 그 사유가 발생했을 때 해주는 것이 훨씬 효과적이므로 평소보다 잘 했을 때의 기회를 놓치지 말아야 한다.

셋째 성적이 떨어졌을 경우에는 무조건 나무라고 야단을 치기보다는 그 사유를 학생과 같이 의논하고 분석하되, 가급적 학생의 사유를 이해해 주는 것이 좋다. 성적의 굴곡은 보통 학생에게 흔히 있을 수 있는 일이다. 시험이란 그날 학생의 컨디션에 따라 많이 좌우된다. 한두 번의 실수나 잘못을 가지고 무조건 책망하기보다는 그로 인해 학생 스스로가 약점을 보완하고 반성하는 기회로 삼도록 유도하는 것이 앞으로의 발전을 약속하는 것이기도 하다.

4. 학생의 학습 독려와 지도는 어떻게 해야 하는가

학습 독려와 지도의 성격

학생의 능률적 학습 방법을 알아야 학습을 독려할 수 있다. 학부모의 역할 중에서 또 하나 중요한 것이 학생의 학습 독려이다. 학생의 학습 독려란, 쉽게 말해서 학생이 항상 공부를 열심히 하도록 학부모가 옆에서 지도하고 감독하며 감시하는 역할을 말한다. 학부모의 이 역할은 학생의 학업에 직접 영향을 미치는 아주 중요한 역할로서 대단히 조심스럽고 어려운 역할이다.

학부모가 학습을 독려하려면 학생의 능률적인 학습 방법

이 무엇인지 정확히 알고 있어야만 이 역할을 잘 수행할 수 있고 효과적으로 성적을 올릴 수 있다. 학부모가 자녀에게 알맞은 학습 요령을 모른 채 행하는 무조건적인 학습 독려가 때로는 자녀의 학업 성적을 더욱 부진하게 만드는 중요한 요인이 되고 있어 안타깝다. 학부모는 자녀에게 알맞은 능률적인 학습 방법은 무엇이며 어떻게 해야 하는가 생각한 후에 학습 독려에 임하는 것이 좋다.

학습 독려의 동기와 방법

학습 독려는 그 동기와 수단 방법이 정당해야 한다. 학생이 제일 싫어하는 것이 남에게 간섭받는 일이고 그중에서도 특히 싫어하는 것이 "공부해라"라는 말이다. 학부모가 학생에게 하는 학습 독려는 동기와 방법이 정당해야만 학생이 받아들여 효과가 있는 것이다. 그렇지 못한 경우 쓸데없는 잔소리로 들리는 것이다. 학습 독려의 동기는

첫째, 학생이 고의적으로 공부를 태만히 한다든지 공부를 학생답게 열심히 하지 않을 때이다.

둘째, 학생이 나름대로 열심히 노력하는데 노력에 비해서 성적이 향상되지 않는 경우이다. 그런 경우에는 학습 독려 방법도 학습 독려의 동기에 따라 달라야 한다. 위의 2가지 동기 중 첫째의 경우에는 다소 강제성을 띠는 독려와 함께 능률적인 학습 방법을 제시하고 지도해야 한다. 둘째의 경우에는 강제성보다는 같이 의논하고 걱정하는 자세로 왜 성적이 향상되지 않는지 분석, 검토하여 능률적인 학습 방법 중 가장 알맞은 방법을 제시하고 그대로 실천하도록 지도하고 독려해야 한다.

그리고 어디까지나 학습 독려는 학생 스스로가 깨닫고 반성하여 학생 자의에 의해서 공부를 해야 한다는 사명감을 불어넣어 주어야 한다. 그 수단은 학생의 성적에 알맞게 하여 학생 스스로가 받아들일 수 있도록 해야 한다.

일반적인 학습 독려와 지도

"공부하라"는 말은 꼭 필요할 때만 해야 한다. 학부모 입장에서는 학생에게 밥 먹듯이 쉽게 할 수 있는 말이 "공부하라"는 말이지만 학부모는 아무 때나 이 말을 남발하고 있는 것이다. "공부하라"는 뜻만큼 학생에게 좋은 말이 없지만 이 말만큼 어렵고 두려운 말도 없을 것이다. 좋은 뜻을 지닌 말도 필요할 때 사용해야 효과가 나타나 진가를 발휘할 수 있는 것이다

그런데 실제로는 이 말이 학생에게 가장 기분을 상하게 하는 귀찮은 말로 받아들여질 수 있다. 학부모가 남발하게 되면 결국 학부모와 학생에게 가장 천대받는 말로 전락해버리고 만다.

이 말의 본질은 학생이 고의적으로 학습을 태만히 하거나 하기 싫어할 때 스스로 깨닫고 반성하게 하여 공부를 해야 된다는 사명감을 불어넣어 주거나 이해시킬 때 필요하다. 아무리 바쁜 학생이지만 정신을 가다듬을 여유와 휴식이 필요하다. 새로운 각오와 결의를 다지는 데 필요한 기분 전환도 있어야 하는 것이다. 그런데 학부모들은 학생이 책을 붙들고 있지 않으면 마음이 조급하고 불안해서 식사도 끝나기 전에 "빨리 밥 먹고 공부해라"라고 재촉하는가 하면, 잠깐 쉬면서 학습 계획을 생각하고 있는 시간 중에도 "왜 공부하지 않고 시간을 낭비하느냐"고 재촉한다. 이 얼마나 어리석고 당

치도 않은 학습 독려 방법인가. 오히려 공부하려던 마음마저 달아나버려 책상 앞에 앉더라도 속으로는 불만만 가득할 것이다.

차라리 공부하라는 무조건적인 방법보다는 "TV 중계를 보고 있는 시간이 벌써 30분이 지난 것 같다. 오늘은 공부하는 시간이 좀 적은 것 같은데 그럴 이유라도 있니?" "친구와 이야기하는 것도 좋지만 시간이 너무 낭비되는 것 같지 않니?" 하는 식으로 상황에 따라 간접적이면서도 의논하는 방식으로 알맞게 표현하는 것이 오히려 효과적일 것이다.

학부모 스스로가 학습 독려 분위기를 조성하라

학생이 있는 가정에서 학부모 마음이 더 다급하고 초조하다는 것은 앞에서 말했지만 그러한 마음과 생각만 가지고는 학생의 학습에 실제로 아무런 도움이 되지 않는다. 학부모들의 집안에서 생활방식을 자녀의 학습에 도움이 되도록 바꿔야 한다. 예를 들면 아버지는 가급적 일찍 돌아와서 신문이나 교양서적 등을 읽는 습관을 가진다든지, 어머니 역시 집안 일이 끝나면 TV 연속극이나 보면서 학습 분위기를 깨기보다는 소설 등 독서를 하면서 집안을 공부하는 분위기로 조성하는 것이 중요하다. 이러한 분위기 속의 가정일수록 부모의 말은 자녀에게 상당한 무게와 효과가 있게 받아들여지는 것이다. 아버지의 경우, 일찍 출근하고 늦게 돌아와 일주일 내내 얼굴을 마주 대할 수 없다가 어쩌다 일요일에 식탁에서 얼굴을 마주 대하자마자 공부에 대한 독려만 하게 될 경우 학생에게 받아들여지기 어려운 것이다.

  어머니의 경우 모임 등으로 외출을 했다가 밤늦게 돌아와서 학생에게 "오늘 시험 몇 점 받았니? 안 놀고 공부했니?" 하는 식으로 학습 독려를 할 때 학생에게 옳게 받아들여지기가 어렵다. 수험생이 있는 가정에서는 가급적 집안에 친척들이나 친구들이 모이는 행사는 피하는 것이 좋다. 생일 등 가족행사도 가급적 간소하고 조용히 지내는 것이 학습 분위기 조성에 이롭다.

시험 점수에 의해서 학습을 독려하는 것은 좋지 않다.

"시험 점수 가지고 사람을 평가하지 말라"는 말이 있다. 아무리 학교 공부의 목적이 시험 점수를 잘 받기 위한 것이라 할지라도 학교의 중간고사, 기말고사 점수 자체를 가지고 야단을 치거나 나무라는 것은 결코 좋은 학습 독려 방법이 아니다. 이것은 학생에게 시험에 대한 공포심과 강박관념을 불어넣어 주어, 정작 본고사인 입시에서 제 실력을 발휘하지 못하여 실패를 초래하게 되는 중대한 요인이 될 수도 있으므로 특히 주의해야 한다.

평소의 학습은 어느 정도 긴장된 분위기가 자극제가 될 수 있을지 모르나, 시험만은 편안하고 안정된 마음에서 치러야 제 실력을 발휘하여 좋은 점수를 받을 수 있는 것이다. 배짱이 좋은 학생이 큰 시험에서 의외로 좋은 점수를 받는 것은 이런 이유이다. 평소 시험 점수를 보고 야단을 쳐서 학생이 시험에 대해서 심한 공포심과 불안감을 갖도록 해놓고 입학시험을 치를 때는 너무 걱정 말고 마음 푹 놓고 시험을 치도록 하라고 당부한들 이미 때는 늦은 것이다.

시험지만 받아들면 전신이 부들부들 떨리는 상태에서 실

수가 나오지 않을 수 없는 것이다. 학교 시험 성적이 나쁠 경우 점수의 과다에 얽매이지 말고 왜 그렇게 되었는지 원인을 학생과 함께 분석하고 검토하여 대비책을 강구하는 것이 진정한 학습 독려 방법이다.

 문제가 어려웠는가, 쉬웠는가, 학습방법이 잘못되었는가, 학생의 컨디션이 특별히 좋지 않았는가, 어려운 것보다 쉽고 기본적인 문제를 더 많이 틀리지 않았는가, 수학의 경우 공식을 몰라서 틀렸는지, 아니면 계산이 틀렸는지, 국어의 경우 한문 실력이 부족한 것이 아닌지, 영어의 경우 단어 실력이 부족하지 않았는지, 문제를 잘못 보고 실수한 것은 아닌지 세밀히 관찰하여 부진한 사항을 보완하도록 하고 대책을 연구하는 것이 학습 독려의 올바른 길이다.

다른 학생과 비교하는 학습 독려 방법은 피하라

 학부모들은 학생들의 학습을 독려하고 지도할 때 다른 학생과 비교하는 방법을 잘 사용하는데 이것은 좋지 않은 방법이다. 같은 형제 중에서도 동생을 보고 "언니를 좀 봐라" 하는 식으로 타이르면 그 동생은 속으로 거부 반응을 나타내고 부모의 타이름을 달갑게 받아들이지 않는다. "수철이는 이번에 2등을 했다는데 너는 왜 그 정도냐" 하는 식으로 남과 비교를 전제로 하여 학습을 독려하면 효과가 반감될 뿐 아니라, 자칫 학생에게 열등감과 좌절을 안겨줄 우려가 있다.

학습 의욕을 북돋우는 원동력은 자신감과 가능성인데 학부모가 학생의 자신감과 용기를 저하시킬 수 있다. 꼭 비교가 필요한 경우에는 "너도 수철이보다 잘할 수 있다. 열심히 해봐라"는 식의 조언이 더 좋은 방법이다.

학부모의 공적을 앞세우는 학습 독려는 피하라

아무리 좋은 말이라도 자신의 공적을 앞세우면서 충고를 하면 상대편에서 이를 진심으로 받아들이지 않는다. 흔히 학부모들은 옛날 자신들이 공부할 때 잘했던 사실을 자랑삼아 앞세우면서 학생들의 학습을 독려하고 지도하는 경우가 많은데 이 방법은 오히려 효과를 반감시킨다.

학생을 위해 애쓰고 노력하는 학부모들이 공부할 때 좋은 방법이 있다면 자랑하기 앞서 학생의 학습 방법에 도움이 되도록 알려주는 것이 효과적이다. 예를 들면 아빠, 엄마는 옛날 어려운 환경에서도 공부 잘해서 일류대학에 들어갈 정도로 머리가 좋았으니 그 DNA를 물려받았을 테고, 공부 잘하라고 좋은 학군을 찾아 이사까지 왔겠다, 네가 공부할 때 엄마도 잠 못 자고 간식이다 뭐다 챙겨주며 지켜보는데 도대체 너는 누굴 닮아서 공부를 못하니? 하는 식으로 학습을 독려해 봐야 좌절감만 더할 뿐이다.

구체적인 학습 독려와 지도

구체적인 학습 독려는 학부모가 노력과 정성을 기울여야 한다. 일반적인 학습 독려 방법은 누구나 할 수 있다. 구체적으로 학생의 학습을 독려하는 것은 학생에 따라 그 효과가 매우 큰 대신에 학부모가 학생의 기본 교육 과정 정도는 알고 있어야 한다.

구체적인 학습 독려는 학생이 학습을 게을리하거나 올바른 학습 방법을 모르는 경우 학생의 학습 태도가 좋지 않을 경우에 바로잡는 데 매우 효과적이다. 본격적인 입시 준비 기간보다 중학교 1,2학년 때나 고등학교 1,2학년 때가 좋으며 중학교 입학 때부터 시작하면 올바른 학습 태도와 방법이 습관화되어 매우 효과적이다. 여기서 유의해야 할 사항은 구체적인 방법도 학생의 학습을 뒤에서 독려하고 지도하는 수단이지, 결코 학습 내용을 직접 가르치는 것이 아니라는 것이다. 섣불리 학습 내용에 너무 깊게 관여하거나 가르치는 자세는 학생에게 혼란을 초래할 뿐이므로 그것은 선생님에게 맡겨 두어야 한다.

구체적인 학습 독려 방법은 학생의 학습 과정을 확인하는 것이다

학부모는 때때로 마음이 다급하고 초조한 나머지 학생 대신에 차라리 자신이 공부하는 것이 낫다는 생각과 함께 학생의 학습을 직접 지도하고 싶은 충동이 일어날 때가 한두 번이 아닐 것이다. 학부모가 할 수 있는 영역은 학습 과정의 확인이며 그것을 학생이 구체적으로 행할 수 있도록 독려하는 방법인 것이다. 학부모가 학생이 배우고 있는 교육과정을 잘 알 수는 없지만 교과서나 참고서를 보면 어느 정도는 알 수가 있다. 교재를 보면서 한두 문제 물어보면 대답이 맞는지 틀리는지 정도는 충분히 알 수 있다. 이것을 학습 독려 방법으로 활용하자는 것이다.

학생이 입시 공부에서 가장 중요한 3대 학습 방법은 정신 집중, 학교 수업 철저, 교과서 중심 공부 이 세 가지 방법에 대한 학습 과정을 학부모가 가끔 확인할 수 있다면 더없이 좋은 학습 독려 방법이 될 것이다. 학생이 공부하는 시간에 집중하고 있는지 여부는 수시로 방금 학습한 내용을 한두 문제 정도씩 물어보면 되는 것이다. 학교 수업 철저의 여부는 그날 학교에서 배운 과목과 그 범위 내에 있는 학습 내용을 질문해 보면 되고, 교과서 중심 학습 여부는 이미 배운 범위에 대하여 교과서에 있는 쉽고 기초적인 내용을 한두 문제 물어보면 알 수 있을 것이다. 이런 방법을 실시하는 것은 어디까지나 학습 독려에 있으므로

첫째, 현재 배우고 있는 범위에 대하여 교과서 중심의 기초적이고 기본적인 내용을 질문해야 하며

둘째, 만약 학생이 틀려도 절대로 야단을 하거나 책망을 하지 말고 그 부분을 학생 스스로가 다시 공부하여 알 수 있

도록 해야 하고

셋째, 횟수가 잦거나 질문하는 내용이 많으면 학습 독려가 아니라 가르치는 성격으로 변질될 우려가 있다. 그리고 만약 일부러 어려운 것을 묻거나 모른다고 야단을 치면 학생의 사기가 저하되어서 학습에 대한 의욕을 잃게 되므로 조심해야 한다.

5. 학생의 동반자로서 역할은 어떤 것인가

훌륭한 학부모는 자녀의 훌륭한 동반자다

 입시 준비라고 멀고도 험난한 등정에 오른 고달픈 학생들에게 학부모가 그 동반자로서의 역할을 한다는 것은 매우 중요한 의미를 지니게 된다. 학생에게 친근감과 마음의 안정을 주며, 위안과 격려로 새로운 의욕과 용기를 불러일으켜주는 정신적인 원동력이 된다. 학생의 고통과 불편을 덜어주는 후견이 되어주는 것이다.
 오늘날 가족관계는 옛날처럼 부모가 권위와 체통만 앞세워 근엄하게 위엄만 부리는 자세가 필요한 것이 아니고, 자녀의 고충을 이해하고 해결해 주며 격의 없는 대화와 의견 교환으로 문제를 풀어나가는 분위기와 자세가 필요한 것이다. 더구나 입시 공부에 여념이 없는 학생에게 학부모는 때에 따라서 학생의 보조자 역할까지 담당해야 하는 등 충실한 동반자로서의 역할을 수행하지 않을 수 없는 것이다. 학부모가 이러한 역할을 담당한다고 해서 학부모의 권위와 체통이 손상된다는 관념은 잘못된 생각이다. 오히려 학생과 동반자와의 관계에서 호흡이 일치할 때 자녀로부터 존경받는 훌륭한 부모가 될 수 있으며 그럴수록 부모의 말에 자녀가 더 잘 수긍하게 되는 것이다.

학부모는 학생과 동고동락해야 한다

학부모의 고생이 학생의 장래에 보탬이 된다면 어느 학부모가 이를 마다하겠는가? 하물며 학생을 두고 있는 학부모로서야 학생에게 도움이 되는 일이라면 무엇이든 다 해주고 싶은 심정인 것이다.

학생을 위한 건강관리, 정신관리, 학습지도와 독려 등이 모두가 필요하고 중요한 학부모 역할임에는 틀림없다. 그러나 이에 못지않게 학생의 입장에서 그리고 학생의 편에 서서 진정으로 그들과 고락을 같이 한다는 마음의 자세도 중요하다. 학생은 자기의 주위에 있는 모든 사람은 한결같이 공부를 잘해야 된다는 당위성만 강조하고 충고만 할 뿐이지, 그들의 입장에서 마음을 이해해 주는 진정한 동반자는 없다고 생각한다. 그 결과 학생은 때때로 세상에서 오직 자기뿐이라는 고독감과 함께 배타적인 성격을 띠게 된다. 이러한 현상은 결코 학습에 도움이 되는 정신 자세가 아닌 것이다. 그러므로 학생에게는 자기편에 서서 자기의 입장을 잘 이해해 주고, 마음으로부터 자기와 고락을 같이 하는 동반자가 필요하게 되는데 바로 이러한 역할은 학부모가 수행하는 것이 가장 좋은 것이다. 그런 의미에서 볼 때 아버지가 자녀에 대해 야단칠 때 어머니는 따뜻한 마음으로 자녀를 감싸 주던 옛날 우리 부모님들의 자녀 교육관이야말로 오늘을 살아가는 우리들에게 많은 것을 시사해 준다고 하겠다.

학부모는 때때로 학생의 보조자 역할도 담당한다

학생의 보조 역할이라는 것은 학생을 옆에서 도와주는 역할을 말한다. 학생이 새벽 몇 시에 깨워 달라고 하면 그 시간에 깨워주어야 한고 교육방송 녹화를 부탁하면 녹화를 해주는 등 학생이 학습에 필요한 일 중, 학부모가 도와줄 수 있는 것은 학부모가 도와주는 것이 좋다. 이것도 학생의 학업을 독ㄹ하고 학생과 동고동락하는 또 하나의 방법이 되는 것이다. 이왕 도와주면서 귀찮다고 말하거나 그것을 미끼로 직접 학습을 독료하는 방법은 좋지 않다.

예를 들면, 새벽 5시에 깨워 달라고 부탁을 하지만 실제로 잘 일어나지 않는 경우가 많다. 교육방송 녹화를 해 놓아도 별로 사용하지 않는 경우가 많다. 그럴 때 학부모가 학생에게 "깨워도 일어나지 않으면서 괜히 엄마까지 잠 못 자게 하느냐, 교육방송이다 뭐다 다 해주어도 성적은 겨우 그 정도냐. 남들은 자기가 다 알아서 한다더라" 하는 식의 표현은 학생의 학습에 도움을 주지 못한다.

학생이 실천을 잘 못하더라도 공부할 의욕과 사기마저 잃게 해서는 안 될 것이다. 이런 경우에는 차라리 "5시에 일어나기가 그렇게 힘들다면 일어나는 시간을 좀 늦추는 것이 어떻겠니?"처럼 의논하는 방식으로 말해도 학생에게 독려의 뜻은 충분히 전달되고 스스로 반성하여 마음을 가다듬을 기회도 줄 수 있는 것이다.

학부모는 학생의 고충 상담자이다

공부를 하는 학생에게는 고충이 한두 가지가 아니다. 합리적인 것도 있고, 터무니없는 것도 있으며, 이유가 타당한 것도 있고, 이유가 타당하지 못한 것도 있다.

건강에 관한문제, 성적문제, 진학문제, 우정문제, 선생님과의 관계, 이성문제, 기타 개인 문제 등 하여튼 탈도 많고 문제도 많다. 학부모는 학생의 고충에 관한 일차 상담자이다. 그것이 타당하든 부당하든 이야기를 끝까지 들어주고 학생의 입장에서 생각해 주고 같이 의논하는 식의 대화를 하여 적정한 의견을 친밀히 제시해 주어야 한다.

학생의 고충을 학부모의 입장에서만 생각하여 "그것은 그렇지 않다. 쓸데없는 데 신경 쓰지 마라. 그것은 이렇게 하면 된다. 공부하는 데나 정신을 집중하라"는 식의 단정적이고 터무니없다는 식으로 대답하는 것은 좋지 않다. 타당하지 않으면 조용히 설득하고 이해를 시키도록 하며 같이 걱정하고 염려하는 척이라도 해야 한다.

아무리 나쁜 문제라도 스스로 상담을 해오면 친절히 응하고 나무라지 말아야 한다. 학생의 사고방식과 현재의 심리 상태 등을 정확히 파악하고 이에 대한 지도 대책을 강구하는 것이 부모의 역할이다. 만약 즉시 해결책을 제시할 수 없다면 "같이 좀 생각해 보자"하는 식으로 보류해 놓고 전문가나 선생님과 의논하여 해결책을 제시해 주어야 한다. 부모의 이러한 역할은 상당히 중요하다. 학생의 경우 고민과 고충이 많으면 많을수록 학업 성적이 오르지 않는다는 데 문제가 있는 것이다.

아무리 책상 앞에 책을 펴 놓고 있어도 학습 내용이 머리에 들어오지 않는 것이다. 따라서 학부모는 발 벗고 나서서 학생의 고충을 같이 해결하도록 해야 하며, 문제가 생길 때마다 숨김없이 모든 것을 의논해 올 수 있도록 분위기를 조성해 주어야 하는 것이다.